シリーズ「遺跡を学ぶ」 015

縄文のイエとムラの風景

御所野遺跡

高田和徳

新泉社

縄文のイエとムラの風景
—御所野遺跡—

高田和徳

【目次】

装　幀　新谷雅宣
本文図版　松澤利絵

第1章　御所野縄文公園への招待

1　御所野縄文ワールド

御所野縄文公園

二〇〇二年四月二七日、「御所野《ごしょの》縄文公園」オープンの日である。快晴にめぐまれ、開館前から大勢の人が集まってくれた。なかには盛岡市など遠くから駆けつけてくれた人もいる。遺跡の入口となっている「ききの吊り橋」の前でテープカットをし、最初の見学者が橋を渡って縄文の世界へ向かった……。

御所野遺跡は、岩手県一戸町《いちのへまち》にある縄文時代中期後半の集落遺跡で、六万五〇〇〇平方メートルにもおよぶ広大な台地のほぼ全面に六〇〇棟以上の竪穴《たてあな》住居跡が見つかっている。一戸町では、縄文時代の社会構造を知るうえで貴重な遺跡として保存・活用することを決め、縄文博物館を併置した遺跡公園が誕生したのである（図1）。

図１ ● **復原された縄文ムラ**
「縄文の森」から見た縄文ムラで、手前が東ムラ、その後がクリ林で、その周辺に中央ムラがある。西ムラは北西に位置するためここからは見えない。

公園への導入部である「きききの吊り橋」（図2）は屋根つきの吊り橋で、ゆるやかにカーブして橋の先のほうが見えない。微妙にゆれながら、窓から谷底が見えるため、地上十数メートルの高さを浮遊しているような不思議な気分になってくる。また、明るい部分と暗い部分が交互にくり返されるため、時間の移り変わりを実感でき、少しずつ縄文の世界へ誘われるような雰囲気になってくる。

周辺の樹木の間にあって、自然の谷を渡るこの木製の吊り橋は、周辺景観にマッチした独創的な橋ということで、いまでは御所野縄文公園の名所のひとつになっている。

縄文博物館

橋を渡りきると正面が博物館、右手が史跡公園となっている。まっすぐ博物館に入ると吹き抜けのエントランスホールで、正面右側で地元産の漆を使ったパネルと映像で施設の概要を紹介、その先が展示室の入口となっている。

第一展示室のテーマは「焼失住居の発見」で、ガラス床の下に発掘調査された焼失住居がそのまま展示されている（図3上）。もちろんガラスの床は歩いてもいいようにつくられているが、おっかなびっくりでなかなか上にのろうとしないで、横からじっと見つめているだけの人もいる。ここには竪穴住居など、建物に関する情報がいくつもあり、御所野遺跡でおこなった土屋根《つちやね》住居の復原の様子も紹介されている。

光と音により演出された「移行空間」を通ると、いよいよメインの第二展示室「御所野縄文

図 2 ● きききの吊り橋
全長 120 m の屋根つきの木製のつり橋ということで、世界でもほとんど例のない橋。駐車場と縄文公園を結ぶための歩道橋である。

ワールド」である（図3下）。御所野遺跡を舞台とした縄文のくらしや遺跡の四季を迫力ある一五〇インチの巨大スクリーンとプロジェクションマッピングで再現している。まわりの壁面には、縄文服をはじめ、現在まで明らかになった縄文人の生活と文化が出土品によって具体的に表現されている。

スロープを進むと中二階となり、風景が一変する。ここはガラスで囲まれた展望台になっており、縄文公園が一望できる。土屋根住居を中心とした縄文の世界が目に飛び込んでくる。

二階の第三展示室には、蒔前《まくまえ》遺跡から出土した鼻曲り土面（重要文化財）など、馬淵川《まべちがわ》流域を代表する縄文時代晩期の遺物が展示されている。

展示室を出ると、正面に屋内体験工房がある。土器づくりや樹皮・蔓編み、アクセサリーづくりなど、縄文にちなんだメニューが用意されている。体験室のつぎはカフェテリアである。ここで一休みしてから、屋外の縄文公園へ行く人もいるし、隣にあるミュージアムショップをのぞいたり、郷土資料コーナーで展示物やビデオを見たりしている。

ここから先は埋蔵文化財センターで、一階と二階の廊下に、一戸町の遺跡とその出土品が縄文時代早期から中世まで時代順に展示されている。考古学に興味のある人は時間をかけてじっくり見学するといいだろう。

カフェテリアから木製の階段を降り外に出ると、正面にはコナラやクリ、ウルシなどの木立となっている。そのなかを進むと、かつて縄文集落が営まれた広大なフィールドがひらけてくる（図4）。

図３ ● 縄文博物館
上：第１展示室。縄文時代の竪穴住居を中心に展示している。
下：第２展示室。縄文時代の暮らしを映像・音・照明で再現している。

N
0
50m
駐車場
きききの吊り橋
水場遺構
木橋
縄文博物館
イベント広場
復原住居
東ムラ
屋外体験
縄文の森展望台
縄文の森
縄文体験施設

図 4 ● 御所野縄文公園の全体図
緑色の部分は景観保存のために土地を取得した範囲で、黄色の部分を整備している。

2　復原された縄文ムラ

東ムラ

公園を進むと、左手に復原住居があり、正面はまだ新芽もでていない芝生でイベント広場になっている。「東ムラ」とよんでいるあたりで、オープンの日の今日は、記念行事の郷土芸能が踊られることになっており、その準備に忙しいようだ。

東ムラは博物館に近いので多くの人が見学するであろう。土屋根住居は土饅頭《どまんじゅう》になっており、その中には、オープンに合わせて三カ月間髭をそらないで準備した現代の縄文人が、縄文服を着て座っている。炉には縄文土器が置かれ、スープがぐつぐつと煮えている。今日はシカの肉でつくった縄文食をふるまうそうだ。縄文食は、地元の食生活改善グループの人たちがつくってくれた。東ムラにはそのほか、高床《たかゆか》の掘立柱建物《ほったてばしらたてもの》が一棟復原されているが、掘立柱建物には階段もついて上に登れるようになっており、子どもたちの人気スポットになるだろう。

中央ムラ

東ムラから一五〇メートルほど行くと「中央ムラ」のあたりにやって来る。

中央ムラには、東ムラと同じく土屋根の竪穴住居が三棟、さらに樹皮葺《じゅひぶ》きの竪穴住居が一棟復原されている。北側は一段低くなっており、そこには配石《はいせき》遺構が露出していて、その外側には三棟の掘立柱建物がある。

図５ ● 空から見た縄文ムラ
東西に長く広がる台地のほぼ全面に縄文のムラが再現されている。

南側は小高くなっており、盛土遺構と名づけているが、縄文人が意識的に土を盛り、そこで火を使ったまつりをおこなったらしい。シカやイノシシなどの焼けた骨片や炭化した植物種子などとともに土器、石器が大量に出土し、いたるところに火を燃やした炉跡があった。

西ムラ

そこからさらに進むと「西ムラ」に出る。西ムラの竪穴住居はいずれも発掘された焼失住居をもとにして復原されている。第一展示室のガラスの床下にあった焼失住居を復原した中型住居の中には、数人が入って見学している。

住居群の西側には小高いマウンドがあり、そのなかにクレーターのようなくぼみがある。実験的に復原した竪穴住居を焼いた跡である。屋根が焼け落ちた後そのまま放置して二年経過したが、ほとんどそのままの状態であり、なかなか土が埋まりきらないでいる。

復原された縄文ムラの周辺は木々に囲まれており、縄文時代に近い景色が再現されている。北側の崖には縄文人が大切にしたクルミやクリなどがあり、その木々にはマタタビの蔓が絡みついている。南側の崖にはケヤキの大木が茂っている。そのため北側はマタタビの沢、南側はケヤキの沢と名づけた。また、博物館の裏手にはコナラの林があり「縄文の森」とよんでいる。

西ムラまで来ると台地が大きく北側に折れているため、ここからはほとんど博物館は見えなくなる。「ききさの吊り橋」を渡ってから、はや一時間ぐらいたった。そろそろ近くまで来た人たちもいるようで、大きな声が聞こえるようになってきた……。

第2章　御所野遺跡の発見と保存

1　北の山間地の縄文遺跡群

北の縄文を代表する遺跡

岩手県北部の内陸地方は、青森県八戸《はちのへ》湾に注ぐ馬淵川や新井田川《にいだがわ》などとその支流に沿ってわずかに平坦地がある典型的な山間地で、一段高い台地とその下の狭い谷底平野に集落が分布している。南流する北上川《きたかみがわ》との分水嶺は一戸町南部の奥中山《おくなかやま》周辺であるが、この分水嶺はそのまま縄文時代中期の文化圏の境界ともなっている。

馬淵川や新井田川とその支流域は非常に遺跡が多いことで知られ、古くから発掘調査がおこなわれてきた。一九五〇年代には、江坂輝弥《えさかてるや》らにより八戸周辺の遺跡を中心として縄文時代早期の編年が組み立てられている。そのほか縄文時代晩期の遺跡は、東北北部の亀ヶ岡《かめがおか》文化を代表する全国的に有名な遺跡が多数ある（図6）。

八戸市の是川《これかわ》遺跡は、新井田川沿いの低湿地遺跡で、亀ヶ岡文化を代表する土器のほか漆器製品などが出土しており、六三三点が重要文化財に指定されている。最近、調査を再開しており、漆塗りの弓や櫛、樹皮製容器などが出土し話題をよんでいる。

同じ晩期の遺跡で、晩期前半の土器型式論で問題を提起したのが、二戸市の雨滝《あまたき》遺跡である。明治大学が調査しており、そのようすは芹沢長介《せりざわちょうすけ》著『石器時代の日本』という一般書にも紹介されている。

一戸町の蒔前遺跡は、一九三〇年に岩手県蚕糸試験場一戸分場が蒔前に設置されることになり、その桑園開設のための工事中に発見された。遺物が大量に出土し、空前の土器ブームが引き起こされたという。そのときに出土した遺物は一戸町教育委員会と国立歴史民俗博物館で所蔵しており、一戸町所蔵品の二五三点が一九九四年に重要文化財に指定されている（図7）。

岩手県北地方の縄文遺跡

古くから知られているこのような遺跡のほか、一九七〇年代に入ってからの開発にともなう調査で、岩手県北地方でもつぎつぎと重要な遺跡が明らかになってきた。とくに一戸町や二戸市では、国道四号線のバイパス工事にともなう調査が連続しておこなわれているが、これは、遺跡が集中する馬淵川沿いの段丘先端部を道路が通過することになったためである。

縄文時代の遺跡では、一戸町の馬場平《ばばたいら》遺跡、二戸市の上里《うわさと》遺跡、荒谷《あらや》遺跡などが有名である。

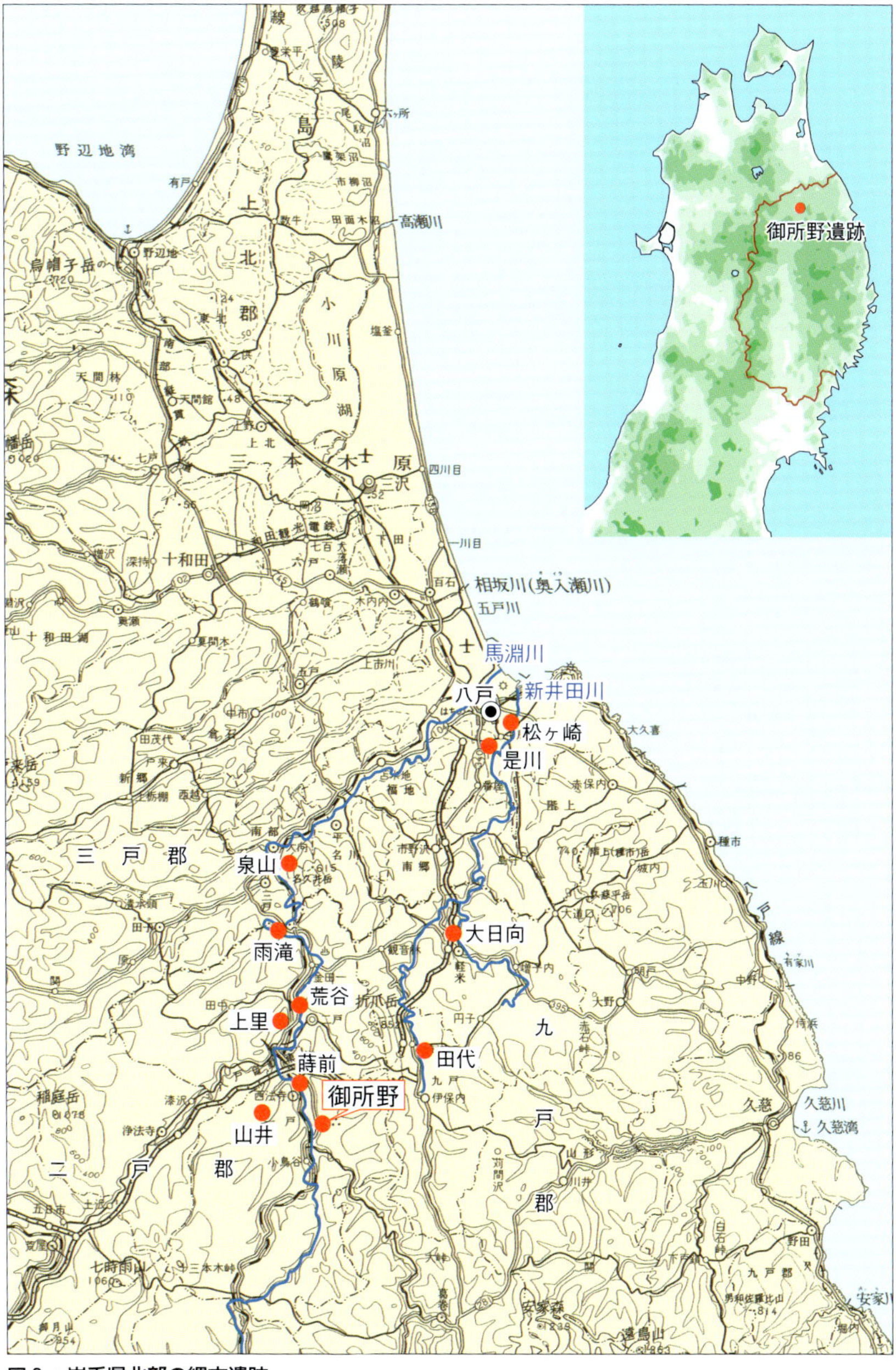

図６ ● 岩手県北部の縄文遺跡
馬淵川や新井田川流域を中心としておもな遺跡が分布している。

馬場平遺跡は御所野遺跡の西側の崖下にあり、中期中頃の遺跡である。上里遺跡と荒谷遺跡は御所野遺跡の北一〇キロメートルに位置しており、上里遺跡は前期末から中期前半、荒谷遺跡は中期後半から後期前半の遺跡である。いずれも数十棟の竪穴住居跡を発掘しており、そのうち馬場平遺跡と荒谷遺跡は、長軸が一〇メートル以上のロングハウス形の大型住居を中心とした集落跡として知られている。上里遺跡では、深さ二メートル三〇センチのフラスコ土坑（入口が狭く、深くなるにしたがって徐々に広くなる穴）のなかから、人骨七体が合葬された状態で出土している。

そのほか軽米《かるまい》町の大日向《おおひなた》遺跡、一戸町の山井《やまい》遺跡などからも大量の遺物が出土しており、この地域は岩手県内でも有数の遺跡の宝庫となっている。

2　姿をあらわした縄文集落

御所野遺跡の発見

御所野遺跡（図8）がはじめて確認されたのは、一九七七年のことである。

当時、一戸町教育委員会では、建設省から委託を受けて国道四号一戸バイパス工事にともない、馬場平遺跡を調査していた。その際、すぐ近くの御所野台地で矢の根石がたくさん出て、雨降りの後などは子どもたちがそれを探して歩くと聞いたので、さっそく現地に行ってみた。驚いたことに、広い畑一面に土器片や石器が散乱していた。

図 7 ● 蒔前遺跡出土の「鼻曲り土面」
長さ 18 c mの土面で、頭部と口が一部欠けている。額に朱が残って
おり、もともとは赤く塗られていたものと思われる（重要文化財）。

さっそく遺跡台帳に登録するとともに、その後何度か遺跡を訪れて調査したところ、馬場平遺跡とほぼ同じ縄文時代中期の遺跡であることが判明した。そのため馬場平遺跡の報告書では、一ページを割いて御所野遺跡のことを紹介している。

このように遺跡の内容を事前に把握していたこともあって、二年後に町の開発部局から農村工業団地（以下、農工団地）として開発したいという照会があったときには、大規模な遺跡のため、長期の発掘調査が必要であると回答している。ちなみに御所野地区は一九七九年に都市計画区域の工業専用地域として指定されていた。

六〇〇人がつめかけた現地説明会

しかし、農工団地としての計画は進み、開発するための事前調査が一九八九年七月にはじまった。

遺跡中央部を調査したところ、古墳群と縄文時代の配石遺構群が見つかり、九月から本調査に入った。調査が進むとともに、縄文時代の配石遺構をもつ大規模な集落跡であることが判明、一一月中旬に記者発表をしたところ、地元紙の岩手日報が一面のトップでとり上げた。翌日の現地説明会には六〇〇人以上が参加し（図9）、その様子をテレビが放映したり、同日の夕刊でも一面カラーで大々的にとり上げられたため大騒ぎとなった。ある参加者は新聞に、その日の感想をつぎのように寄せている。

「みぞれ降る現地説明会に数百人の人々が参加したのは全国的にも数少なく、感動的であった。

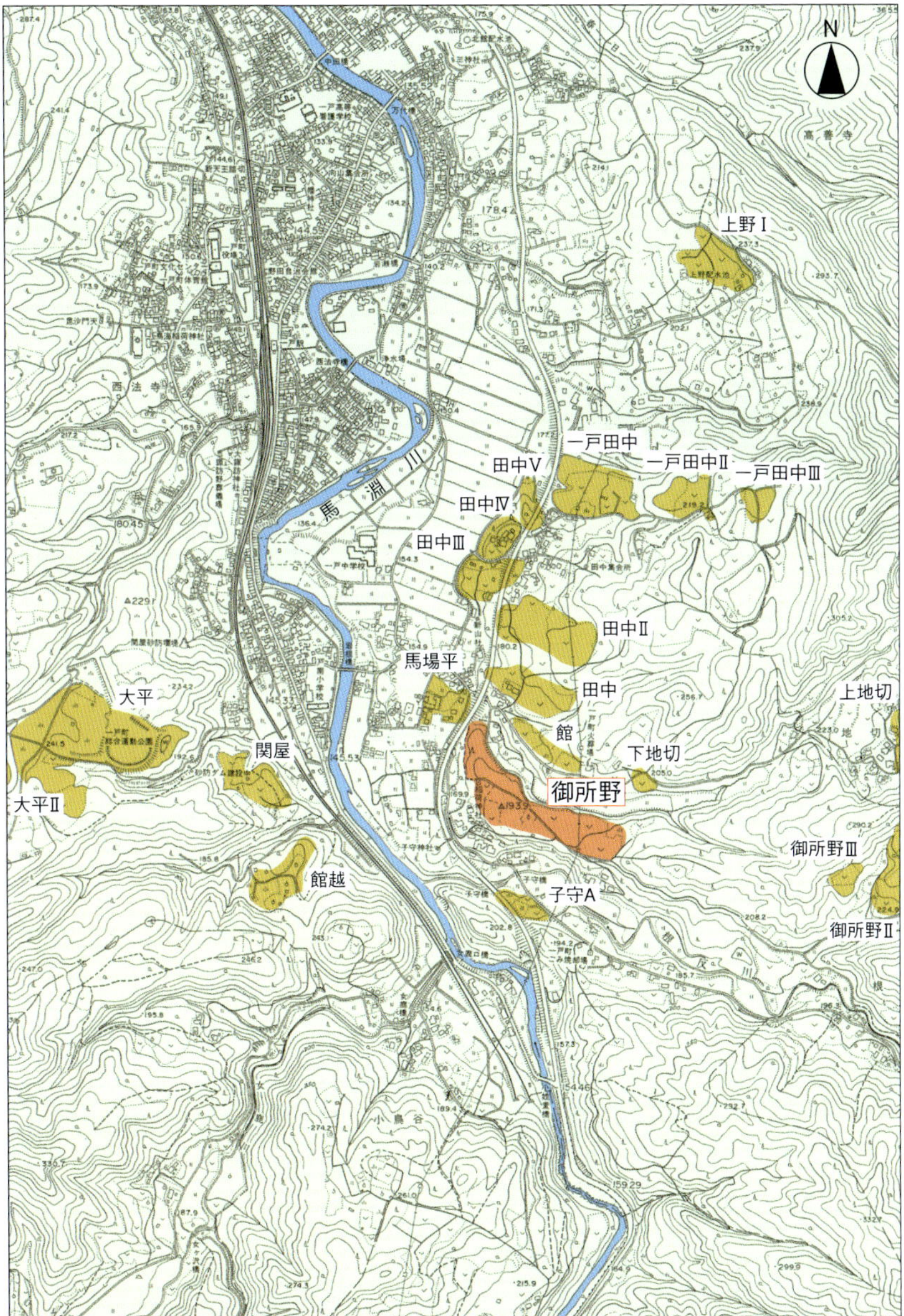

図８ ● 御所野遺跡の位置
中央を馬淵川が流れる南北４ｋｍ、東西２ｋｍの盆地の東南端の台地に遺跡は位置している。見晴らしがよく、遺跡から盆地のほぼ全域が見渡せる。

それだけ遺跡に対する町民の皆さんの関心の深さがうかがわれた。（保存という）すばらしい結果がでることを期待しているのは私ひとりではあるまい。」

3　開発から遺跡の全面保存へ

開発か保存か

当時は全国的にも遺跡を保存するということはまだ一般的ではなかった。吉野ヶ里遺跡がマスコミにより連日報道されていたが、結論はまだ出ておらず、保存のための署名運動などがさかんにおこなわれていた時期であった。

東北地方でも遺跡の保存運動の例はそれほどもなかったが、御所野遺跡では多くの人が遺跡を訪れるようになり、日々遺跡の保存を求める声が強くなっていった。

こうした地域の人たちの声を受けて、同年一一月の定例教育委員会では、「遺跡は保存し史跡公園として活用するべきだ」との意見が出された。

見学者が毎日のように訪れ、一二月になっても絶えることはなかった。一般の人だけでなく副知事や県教育長、県議団などの視察も相次いだ。町議会では保存の請願が二件提出され、保存への要望がいっそう強くなってきた。

しかし一方では、当初の計画どおり農工団地として造成したほうがよいという意見もあり、三月には「当初計画どおり農工団地として開発してもらいたい」との要望が二件出され、保存と開発をめぐる動きがそれぞれ相対し、社会問題としてマスコミにもたびたびとり上げられることになったのである。

調査区内全域で遺構を検出

こうした議論がおこなわれている間にも、町の教育委員会では文化庁や岩手県教育委員会の指導を受けて遺跡の範囲確認調査を計画しており、一九九〇年五月に遺跡西側の調査を開始した。その結果、調査区内のほぼ全域で遺構を検出している。その大半は竪穴住居跡でいずれも密集していた。

この調査で、遺跡は中央部以外にもおよんでいることが判明したため、遺跡のある部分だけを保存して、それ以外を農工団地として開発する、という遺跡保存と開発を両立させる案は一歩後退した。この調査の結果を受けて稲葉暉《あきら》一戸町長が決断した。「遺跡は保存して史跡公園として活用したい」と地権者会で発言、その後一二月議会で、一般質問に答

図9●みぞれ降る現地説明会
説明会がはじまる頃は降っていなかったが、途中からみぞれになってきた。それでも帰る人はほとんどなく、むしろ時間が経つにしたがってどんどん人が増えてきた。

えるかたちで、「国の史跡指定を目指して保存計画を作成しながら将来史跡公園として整備する」と答弁している。翌一九九一年の六月には、議会も保存を求める請願二件を採択、開発を求める請願二件を不採択として、最終的な結論を出した。

こうして遺跡の保存が正式に決定したのである。

東北の保存運動のモデルに

東北地方ではそれまでも遺跡保存の動きはいくつかあったが、このように広大な面積を保存し、しかも当初予定した農工団地をほかに移してまで保存しようという例ははじめてであった。これは遺跡の保存に住民が敏感に反応したことと、それに行政がすばやく判断し対応したためであり、この決断が後の展開をスムーズにした。

御所野遺跡の保存決定から一年後の一九九二年から青森県の三内丸山遺跡の調査がはじまっているが、保存運動がおこったのは一九九四年になってからである。そのほか秋田県北秋田市の伊勢堂岱《いせどうたい》遺跡、岩手県滝沢市の湯舟沢《ゆぶねざわ》遺跡などでも保存問題がおこっており、御所野遺跡の例は、その後の保存運動のモデルケースとされるようになった。

御所野遺跡の場合、一年以内に保存を決定、調査を学術調査に切り替えたため、できるだけ遺構を残すような調査が可能であった。遺跡は発掘調査をしないとその内容はわからないが、調査してしまうとその痕跡だけが残ってしまう。このように埋蔵文化財の扱いは非常にむずかしいが、御所野遺跡の場合、早めに結論を出したため大半をそのまま保存することができたのである。

一九九一年には、台地東側の範囲確認調査を実施している。東側でも遺構が密集しており、ついに台地のほぼ全面が遺跡であることが判明した。その後一九九二年には、中央部の内容確認調査で墓域の一部が明らかになり、それを受けて一九九三年二月までに『御所野遺跡Ⅰ』という報告書を刊行した。この報告書をもととして、四月に国の文化財保護審議会が文部大臣に指定答申をし、同年一二月に国指定史跡となった。発掘調査を開始してからわずか五年後のことである。

明らかになってきた集落の実態

さて、遺跡の保存後は整備して活用することを町の方針としていたため、その後の調査ではできるだけ遺跡の全体像を表現できるような調査区の設定と、集落を把握できるような調査方法を採用した。たとえば当時はまだ土地は民有地であったため、地番ご

図10 ● 田中遺跡の発掘調査
御所野に計画した工業団地の代替地となった田中遺跡でも、縄文時代中期から後期、さらに奈良時代の住居群がまとまって大量に見つかっている。

とにできるだけ多く遺構検出ができるように、それぞれにトレンチを設定している。

その結果、全体の六〇パーセントで遺構の有無を確認しており、その分布を見ると、中央、東、西にそれぞれ遺構が密集していることが判明した。さらに出土した土器を丹念に分析したところ、おおよその時代的な変遷も明らかになってきている。

また、御所野遺跡は保存が決定したため各遺構はあまり調査していないが、西側崖下の馬場平遺跡では、一九七七年、七八年に、国道四号一戸バイパス工事にともなう調査をした。発見された竪穴住居跡四一棟はすべてを完掘しており、その資料が御所野遺跡の集落構成を把握するうえで非常に参考になっている。

そのほか農工団地の代替地となった田中遺跡（図10）、さらに町の総合運動公園の建設予定地である大平遺跡など周辺もかなり調査している。いずれも調査面積が一〇ヘクタールを超す大規模な遺跡であり、縄文時代の竪穴住居をそれぞれ九七棟、一五二棟発掘した。

これらの竪穴住居跡は縄文時代中期末から後期にかけてのものであり、馬場平遺跡から御所野遺跡、さらに御所野遺跡から田中遺跡・大平遺跡という時期的な変遷も明らかになってきた。同じく、子守《こもり》遺跡、下地切《しもじぎり》遺跡など規模は小さいがほかの遺跡もあり、御所野遺跡を中心とした周辺の遺跡との関係やその変遷も具体的に知ることができている。

御所野遺跡を中心としたこれらの遺跡群は、最近明らかになってきた〝巨大集落〟の実態をあらわしているものと思われ、周辺には一〇〇〇棟を超す竪穴住居があったものと推測されるのである。

第3章　御所野縄文集落を解読する

1　遺跡の環境とムラの構成

縄文の世界をほうふつとさせる環境

御所野遺跡は馬淵川の近くにある典型的な内陸の遺跡である。直線距離で北の八戸湾まで四〇キロ、同じく東の久慈《くじ》湾まで三六キロで、いずれも海からは遠く離れている。

遺跡のある一戸町の北部は、南北四キロ、東西二キロの盆地となっており、遺跡はその盆地南端の高台に位置している。ここは、川の流れに沿った盆地全域や周辺の山が見える絶好の場所である。なかでも対岸の北西方向には、周辺でもっとも高い標高五五二メートルの茂谷山《もやのやま》があり、お椀を伏せたような丸い山がひときわ際立って見える。

台地の標高は一九〇～二〇〇メートルで、東西五〇〇メートル、南北一二〇メートルと東西方向に長い平坦面で、東側に二〇～三〇メートルほど高い丘陵があるほかは、南北両側と西側は二〇～四〇メートルの崖となっている。いずれも起伏が少ないゆるやかな平坦面で、人家もなくほとんどが畑になっている。

周辺の山や崖には樹木が密集しており、東側は南がコナラ、北はカラマツ、北側にはクルミ、スギ、クワ、キタコブシ、ニワトコなどのほか、ヤマブドウ、マタタビなどの蔓が群生している。台地の北西端はアカマツ林、西側はケヤキのほか、クリ、ウルシ、コナラ、そのほか南側の崖にはケヤキの大木がいくつもあり、その間にコナラ、クリなどが生育している。

この植生は、一部の針葉樹を除けば、ほぼ縄文時代に近いものであり、周辺のこのような景観も御所野遺跡のもうひとつの魅力となっている（図11）。

一九八九年の秋、最初の現地説明会が実施された時は紅葉の真っ最中であった。はじめて遺跡を訪れた人たちはまずこの景色に驚き、縄文の世界に近い風景の中に遺跡があることが人びとの話題になった。

図11 ● 御所野遺跡の景観
遺跡の中やまわりには、このようなクリ林のように、いろんな林がつくられているし、草や花も茂る豊かな自然にかこまれている。

縄文集落の概観

御所野遺跡からは縄文時代だけでなく、古代の古墳や竪穴住居跡なども見つかっている。古墳は台地の中央部、竪穴住居跡は東西両側というように、それぞれ分布を異にしているし、時期も若干異なっている。そのほか北西端の一部は中世の城館跡となっている。

縄文時代の遺構はほとんどが中期のもので、しかもその後半の時期に限定できる。

東北地方の縄文時代中期では、北と南では形や文様が異なった土器が出土しており、北の土器を円筒式《えんとうしき》土器、南の土器を大木式《だいぎしき》土器とよんでいる（図12）。

円筒式土器（図13）は、筒型のずんどうな形から名づけられたもので、岩手・秋田の北から青森、さらに北海道の渡島《おしま》半島を中心とした南部が出土範囲である。大木式土器（図14）は、宮城県七ヶ浜町の大木《だいぎ》囲《かこい》貝塚を標識としてお

	大木式土器	円筒式土器
縄文時代中期中葉～末葉	大木8a式	円筒上層c式 円筒上層d式 円筒上層e式
	大木8b式	榎木林式
	大木9式	最花式
	大木10式	

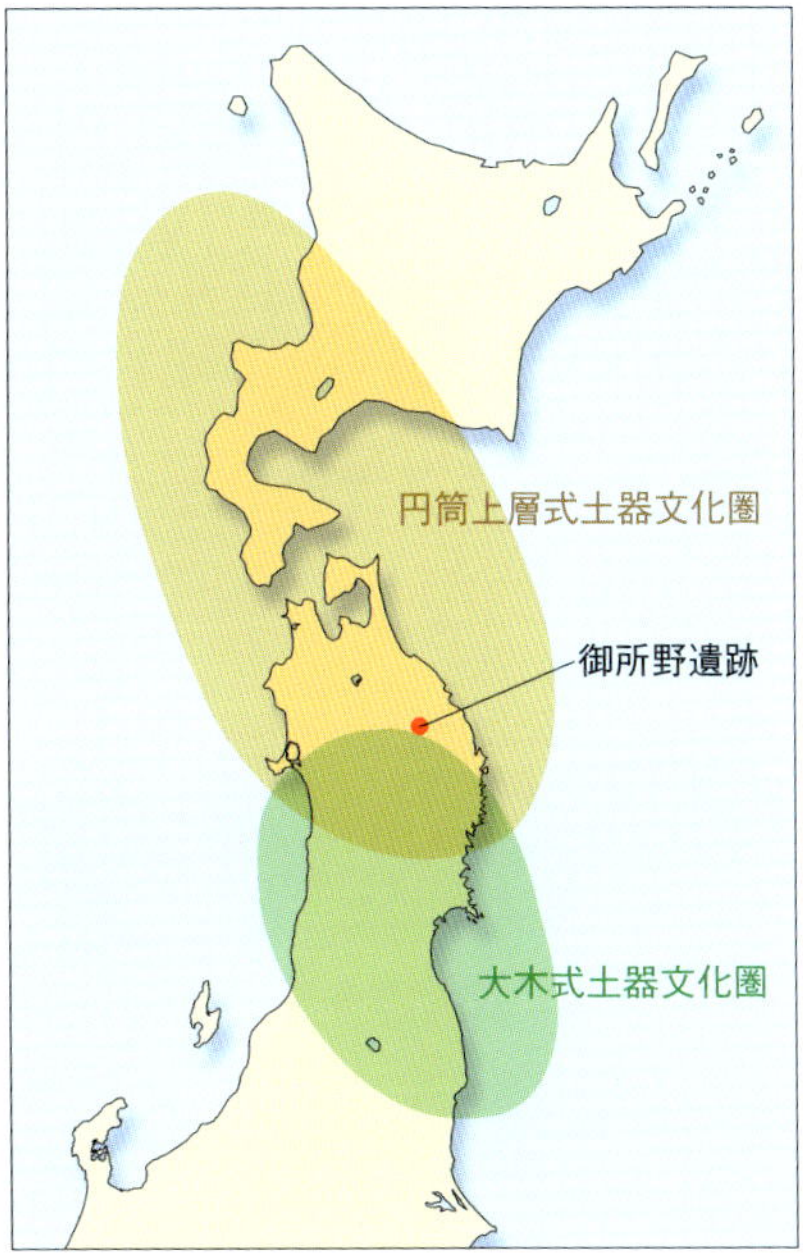

図12 ● 東北地方の土器型式と分布
御所野遺跡はその位置が北の円筒式土器文化圏と南の大木式土器文化圏が接するような位置にあり、両方の特徴のある土器が出土している。

図 13 ● 御所野遺跡から出土した円筒式土器
御所野遺跡からは円筒式土器でも新しい時期の土器が出土しており、全体が 4 区画されてその中に文様が描かれている。

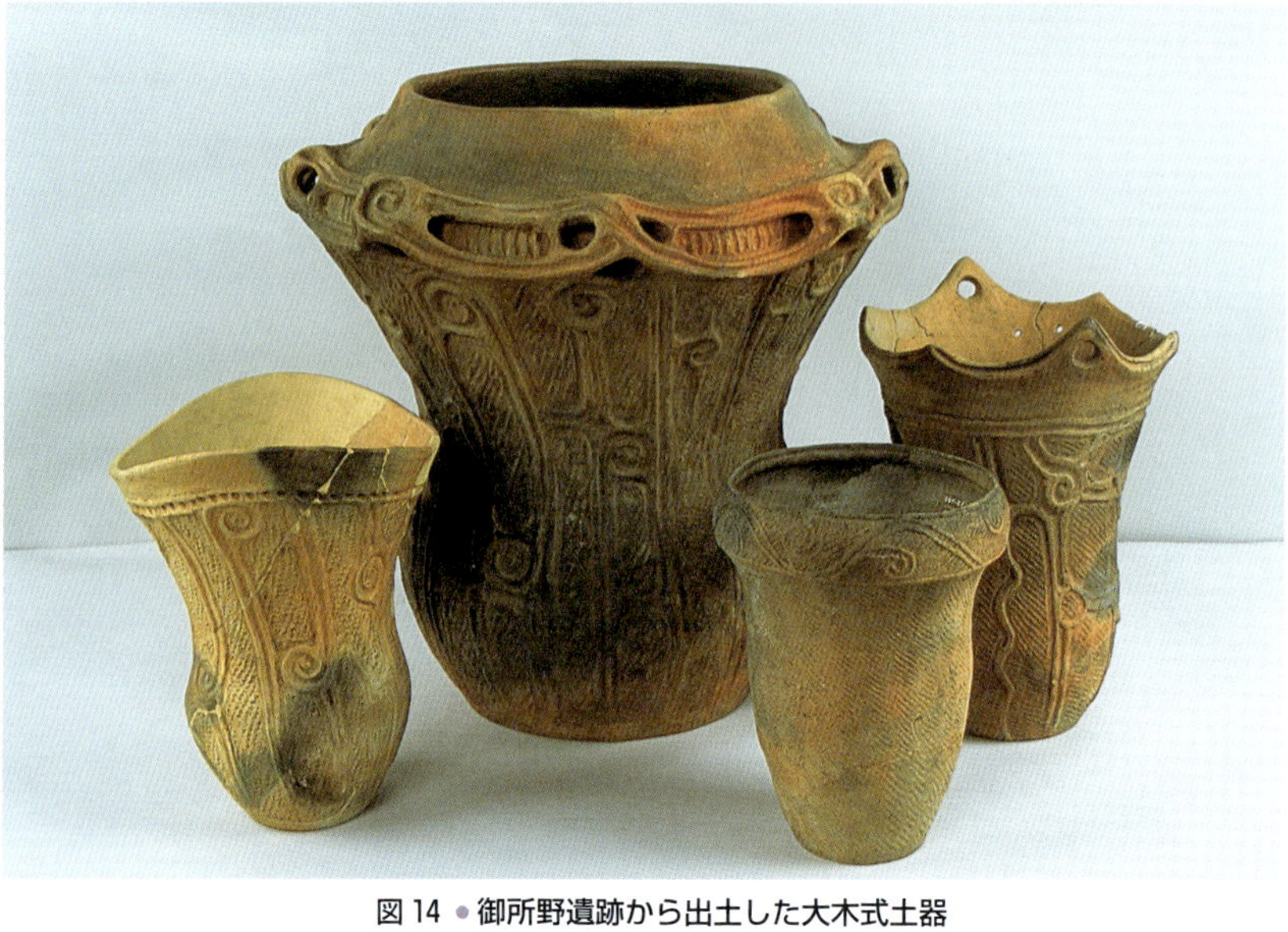

図 14 ● 御所野遺跡から出土した大木式土器
器形はバラエティに富んでおり、その中に曲線的で立体的な文様が描かれている。つくりもていねいなものが多い。

り、遺跡名がそのまま土器の型式名となったもので、東北南部の福島や山形から岩手・秋田の南部までが出土範囲となっている。岩手・秋田の北部は、北と南それぞれの土器が出土する地域であり、一戸町など二戸地方では円筒式土器、大木式土器両方の土器が出土する。

この土器型式をもとにして御所野遺跡では、その時期を大まかにI～V期に区分している（図15）。

さて、縄文時代のムラは、中央部の広場を中心として東西に竪穴住居跡が分布しており、広場には墓やその墓標である配石遺構や掘立柱建物跡、さらには貯蔵用の土坑、広場の南側にはまつりの場である盛土遺構があり、ここでは縄文時代の集落遺跡で確認されるほとんどの遺構が発見されている。竪穴住居跡は遺跡のほぼ全域に分布しているが、場所によってかなり偏《かたよ》りがあり、同じ場所に集中する傾向が強い。ひとつは配石遺構周辺の東西両側で、その後遺構がほとんどなくなり、さらに南東側と反対の北西側にそれぞれ集中している。以上から、南東部を東ムラ、中央部の配石遺構やその東西の竪穴住居跡の周辺を中央ムラ、北西部をそれぞれ西ムラとしている。次節以降、それぞれのムラについて見ていこう。

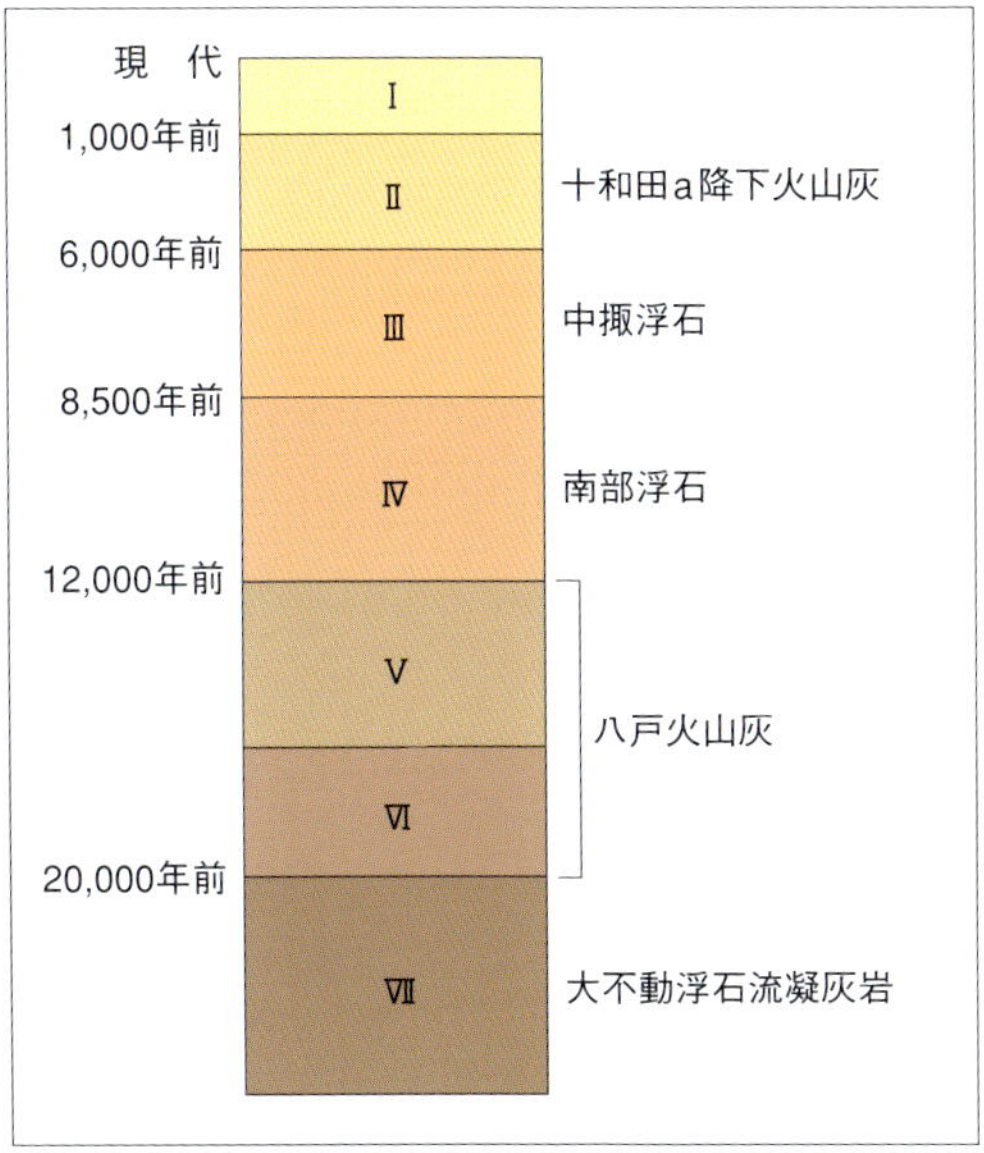

図15 ● 十和田火山灰の年代と御所野遺跡の時期区分
二戸地方で確認した降下火山灰は十和田火山灰であるが、そのほか朝鮮半島の白頭山火山灰がある。平安時代後半に降下している。

2　ストーンサークルのある中央ムラ

配石遺構の発掘

川原石などを一定のかたちに並べて、縄文時代の信仰や祭祀、あるいは墓制にかかわる、いわば縄文人のこころを表現したモニュメントを配石遺構とよんでいる。この配石遺構がいくつか集まり環状になったものを環状列石、あるいはストーンサークルという。

御所野遺跡の配石遺構（図16）は、遺跡の中央部北側の東西八〇メートル、南北五〇メートルの範囲に集中している。ここは調査前も周辺より低くなっており、一九八九年の試掘調査では最初に古墳が見つかり、その後、調査を進めていくにつれて縄文時代の配石遺構が確認された。しかもこの中央部北側は掘り下げていくにしたがって、ある土層が削られていることがわかってきた。その層について説明しよう。

青森県の中央部にある十和田湖は、二万年以上前から一〇〇〇年くらい前までいく度となく爆発した火山により形成されたカルデラ湖であるが、その火山灰が二戸地方まで達している。十和田火山灰とよばれるこの火山灰は、もっとも古いものが二万年前の「大不《おおふ》動浮石流凝灰《どうきいしりゅうぎょうかい》岩《がん》」で、新しいものが平安時代中頃の「十和田a降下火山灰」とよばれている（図15）。

この十和田火山灰のうち、縄文時代早期末の「南部浮石《なんぶふせき》」と縄文時代前期中頃の「中掫《なかせり》浮石」が御所野遺跡の地層にもはっきりと残っている。いずれも黒色土中に含まれている火山灰で、この火山灰の存在により土の識別が容易であり、各層ごとの年代も明らかにできるのである。

さて中央部北側では、この南部浮石、中掫浮石という火山灰の入る土層が消えていることから、この部分が削られていたことが明らかになった。削った後に墓坑《ぼこう》や配石遺構などを構築している。

配石遺構は全体が大きく二つになっており、東側が径三四×二〇メートル、西側が径二五メートルのいずれもサークル状になっている（図17）。このようなストーンサークルは縄文時代中期末から後期、さらに晩期までつくられているが、おもに東北地方北部から北海道南部にかけて分布している。代表的なのが秋田県鹿角《かづの》市の大湯《おおゆ》環状列石、青森県青森市の小牧野《こまきの》遺跡、北海道小樽市の御忍《おしょ》路《ろ》土《ど》場《ば》遺跡などで、岩手県内では滝沢市の湯舟沢遺跡、田野畑村の館石《たていし》遺跡、二戸市の荒谷遺跡などが知られている。

以上のストーンサークルはいずれも縄文時代後期のものであるが、御所野遺跡のストーンサーク

図16 ● **中央ムラから出土した配石遺構**（FD52）
御所野遺跡では、楕円形の組石のいずれかに石を立てているものが多い。組石に使われる石は花崗岩のほかチャート、石灰岩、安山岩などいろんな種類の石が使われている。

ルはそれより古い縄文時代中期末のものである。

遠くから運んだ花崗岩

御所野遺跡にあるストーンサークルのうち、東側のものは保存状態がよく、その構造が比較的わかりやすい（図17）。いくつかのタイプがあり、径二〜二・五メートルの楕円形、あるいは円形に石を横にならべて縁どりをして、その内側にやや小さめの石を入れたもの、そのほか径一〜一・五メートルの組石の上に平べったい大きな石をのせたものなどがある。前者は、その外側に立石をともなっており、後者は形が弥生時代以降にさかんにつくられた支石墓に似て

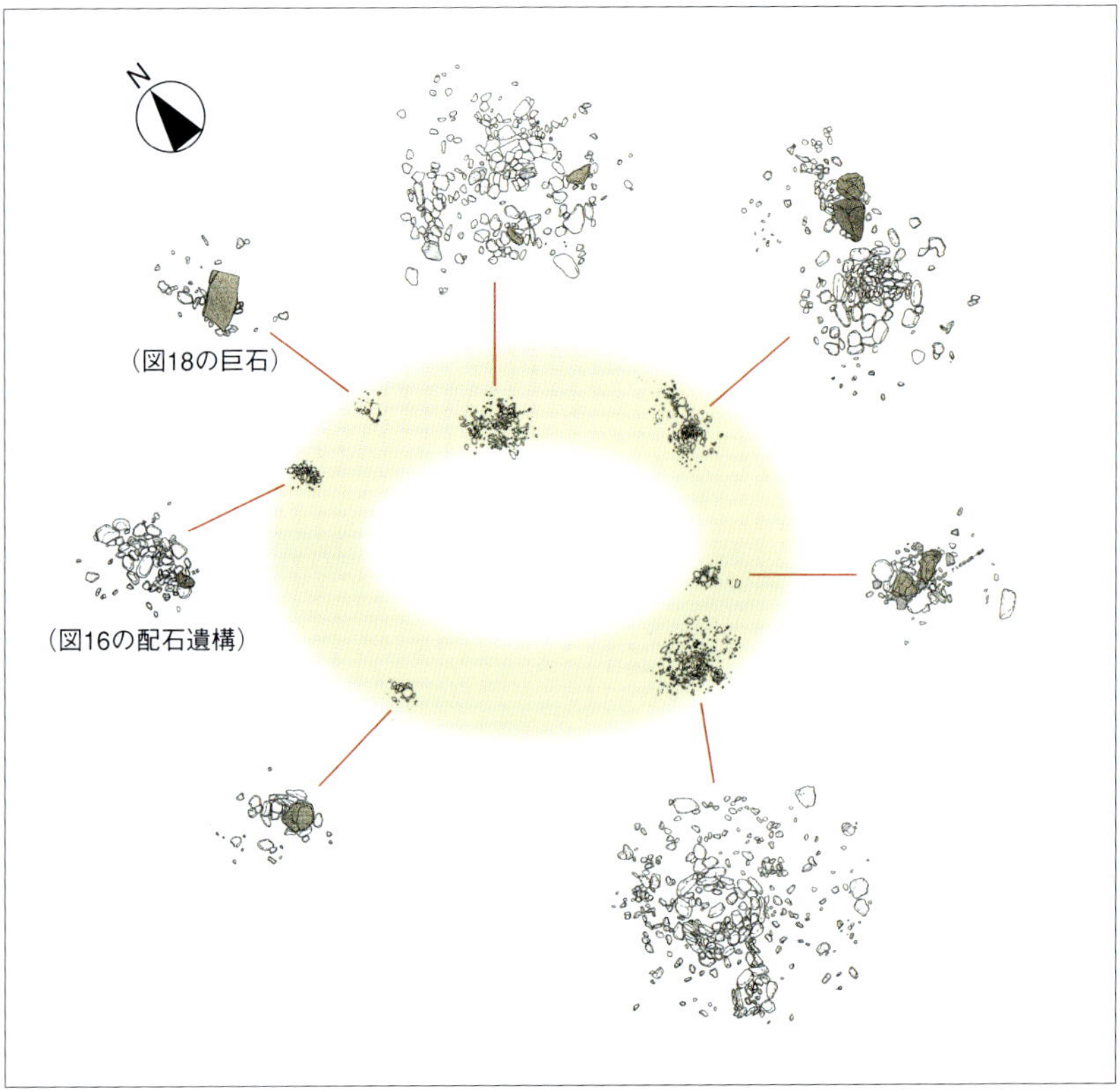

図17 ● 中央ムラの東側の配石遺構
中央部が空白になり、そのまわりに個々の組石が分布している。
御所野遺跡ではこの左上にもうひとつ小規模な配石遺構がある。

いる。そのほか小型ではあるが、方形・円形・楕円形に配置されるものなど、その形態は多様である。

これら配石遺構の立石には、大きな花崗岩が使われている。ＦＤ54と名づけた配石を構成している一三〇センチ×七〇センチの巨石（図18）を、岩手大学地質学教室の土谷《つちや》先生に分析してもらったところ、石にふくまれる鉱物の組み合わせ、鉱物の量、あるいは組織の特徴が茂谷山のものと一致しており、茂谷山からもち込んだ可能性が高いという分析結果が出た。つまり御所野縄文人は、茂谷山から馬淵川を越えてこのような大きい石を運んできたのである。

花崗岩は配石遺構だけでなく、竪穴住居の中でも使われている。西ムラの大型住居・中型住居には、いずれも竪穴の左側奥壁際に花崗岩が置かれていた。しかも、そのまわりからはミニチュア土器や彩色土器など実用以外の遺物が多く出土している（51ページ、図28）。このことから、竪穴住居の花崗岩も配石遺構のそれと同じく祭祀に使われたものと考えら

図18 ● 花崗岩の巨石
長さが1.3m、幅0.7m、厚さ５cmの板状の花崗岩で、一部に赤色塗料がついているほか、縁に連続して叩いた痕跡が残っている。

れる。

以上から、御所野縄文人は花崗岩を特別な石と考えていたのか、あるいは茂谷山を神聖な山と考えてそこから産出する石を運んできたのか、そのいずれかではないかと考えられる。つまり御所野遺跡にある花崗岩には、縄文人の思いが込められているのである。

また、中央部の配石遺構の周辺では、数カ所で長軸一メートル、幅〇・五メートル程度の楕円形の土坑（土に掘られた穴）が密集して見つかっている。そのいくつかを調査しているが、形態などから墓坑と考えられる。しかも配石遺構と同じくいくつかにまとまっており、全体が環状に分布する可能性が強い。それぞれのまとまりは、人の結びつきをあらわしているものと考えられ、その埋葬地の墓標としたのが配石遺構であろう。

祭祀施設の掘立柱建物

配石遺構と土坑の外側では、多数の柱穴が見つかっている。西側の二八五平方メートルの区域では、六五〇個確認しているが、そのなかには一間×二間の長方形配置となる柱穴群がいくつかあり、掘立柱建物跡と考えた（図19）。

掘立柱建物とは、地面に穴を掘って、その中に直接柱を埋めて建てた建物を総称してこのようによんでいるが、柱穴以外にその構造や形態などを推定できる資料がほとんどない。わずかに富山県の桜町《さくらまち》遺跡から、建物の柱ではないかと考えられる材が出土しているだけである。なかにはこのような柱穴は建物にともなうものではなく、トーテムポールなどの独立した柱を立てた跡ではないかと考える研究者もいる。御所野遺跡では、つぎの理由から建物跡と考えた。

①いずれも一間×二間の六本配置という規則性があること。

②六本の柱穴は直径、深さともに規模がほとんど同じであること。

③六本の柱穴全部に意識的に炭化した植物種子（トチ）を入れているものがあり、それぞれの柱が同一の施設のものと考えられる。

④各柱穴は大型竪穴住居の柱穴に比較して深く掘り込まれており、かつ柱間寸法は逆に短くなっていることから、建物としても安定する。

では、掘立柱建物跡とした場合、その用途は何だったのであろうか。

掘立柱建物の用途については、従来からいくつかの案が提示されている。ひとつは民族誌にあるように、夏の住居でないかという説。その場合、冬の住居が竪穴住居となる。貯蔵施設ではないかという説

図19●復原した掘立柱建物
配石遺構の外側にこのような6本柱の建物を復原している。屋根は樹皮葺きとし、その上に泥を塗っている。

もある。もともと一般的な貯蔵施設と考えられているのはフラスコ形土坑であるが、それとは別の貯蔵施設という考え方である。そのほか、墓の周辺に集中することから、死者を安置した「モガリ」の施設ではないかという意見もある。

御所野遺跡の場合どのように考えたらよいであろうか。

御所野遺跡では、配石遺構（墓坑）の外側に場所が限定されていることから、墓＝死者に関係する施設と考えることができる。その意味では「モガリ」説も想定できるが、「モガリ」のような一時的な施設にしては、柱穴が大きく、柱そのものも太い。かなり頑丈につくられた建物と考えられ、しかも配石遺構にともなうことから、現在のところ死後の世界と交流する施設、つまり祖霊信仰などにともなう祭祀施設ではないかと考えている。

また、施設が竪穴住居ではなく高い床に屋根をかぶせた建物ということを考えれば、貯蔵機能も想定できるかもしれない。いずれにしても縄文時代の掘立柱建物についてはまだまだ不明なことが多い。

以上の掘立柱建物跡のほかにもたくさんの柱穴が見つかっている。そのうちのいくつかは列状に並んでいることから、そのまま柱を立ててみた。配石遺構をそれぞれの区域の墓標としたように、柱列をその境界と考えたからである。

墓域の形成

ところで、掘立柱建物の柱穴と竪穴住居跡、フラスコ土坑が重複する場合は、いずれも柱穴が新しいことを確認している。つまり最初にフラスコ土坑、竪穴住居がつくられ、そのあと掘立柱建物が建てられたことを意味する。墓坑とフラスコ土坑が重複する場合も墓坑のほうが新しく、しかも柱穴とはまったく別な場所で見つかっている。

以上のことから、中央部の北側ではフラスコ土坑がもっとも古く、その後竪穴住居がつくられ、そして墓坑、配石遺構、掘立柱建物などの墓域が形成されたものと考えられる。しかも掘立柱建物と配石遺構（墓坑）は、ほぼ同じ時期につくられた可能性が強い。

一方、中央部南側の盛土遺構からは、土器、石器とともに炭化種子・焼けた獣骨などが大量に出土するとともに、石囲《いしがこい》炉《ろ》や地床炉《じしょうろ》などがいくつも見つかっている（図20）。おそらく火を使ったまつりがおこなわれたのであろう。

図20 ● 盛土遺構の調査
盛土遺構はいろんな土が混ざったまま積まれている。そのなかに下のような炉跡がいくつも発見されている。一段低い右側にストーンサークルがあり、墓域となっている。

このような中央部の施設の移り変わりは、基本的な集落の構成がある時期に変わってしまったことを意味している。その原因はなんだったのであろうか。

南の文化の北上

東北地方北部の円筒式土器文化と南部の大木式土器文化という二つの文化圏は、土器の形態や文様から区別された文化圏であるが、発掘資料が増えるにつれて土器以外の遺物、さらには竪穴住居跡や集落構成なども異なっていることが明らかになってきた。

たとえば縄文時代前期後半になると、東北地方南部の大木式土器文化圏では、すでに環状集落が出現し、秋田県の上ノ山《うえのやま》Ⅱ遺跡や岩手県奥州市の大清水上《おおしみずがみ》遺跡、北上市の横町《よこまち》遺跡、遠野市の綾織新田《あやおりしんでん》遺跡などのように、大型住居だけで集落が構成される例が多くなっている。最近の調査では、むしろこの地域では一般的な集落の形態ではないかとさえ考えられてきた。このような環状集落は縄文時代中期になって岩手県紫波《しわ》町の西田遺跡に継続されている。

ところが北部の円筒土器文化圏では、秋田県大館《おおだて》市の池内《いけない》遺跡、あるいは岩手県八幡平市の長者屋敷《ちょうじゃやしき》遺跡などのようにけっして環状とはならず、列状に分布する。もちろん地形の影響も考えられるが、どうも基本的なちがいと考えたほうがよさそうで、円筒式土器文化圏と大木式土器文化圏では、集落の形態そのものが異なっていたようである。

この南北の文化圏は中期中頃まで続くが、その後、南の大木式土器文化の北への影響が強くなり、やがて東北北部のほとんどで大木式土器の影響が強くなる。

御所野遺跡でも、このような大木式土器文化圏の北上により、中期後半のある時期から圧倒的に大木式土器の影響の強い土器が多くなり、なかには大木式土器そのものが出土するようになる。このような土器は中央部の竪穴住居跡から多数出土しているが、この時期に竪穴住居は環状、あるいは馬蹄形に分布していた可能性が強い。

以上のことから、大木式土器文化圏の北上にともない集落の形態が変化し、その後、墓域の形成とともに配石遺構や掘立柱建物がつくられてきたことを示している。

3　竪穴住居跡の密集する東ムラ

東ムラの調査

東ムラでは、大半の遺構は南東部に集中している。この南東部は緩斜面の頂部に相当するが、黒色土が浅く褐色ロームがすぐあらわれる。縄文時代の竪穴住居は褐色土（ローム）に掘られる例が多いが、東ムラでも意識的にこのような褐色土を選んで構築しているのかもしれない。

一九九〇年の調査で一八七棟の竪穴住居跡を確認しているが、その後一九九六年に指定地外の博物館建設予定地、さらに一九九八年には縄文時代の建物復原のために一九九〇年と同じ場所を若干範囲を広げて調査した。その結果、同じ範囲で五〇棟確認していた竪穴住居跡が八三棟まで増えている。

このように遺構密集地では、調査が進めば進むほど遺構は増えていく。二〇〇四年までに発

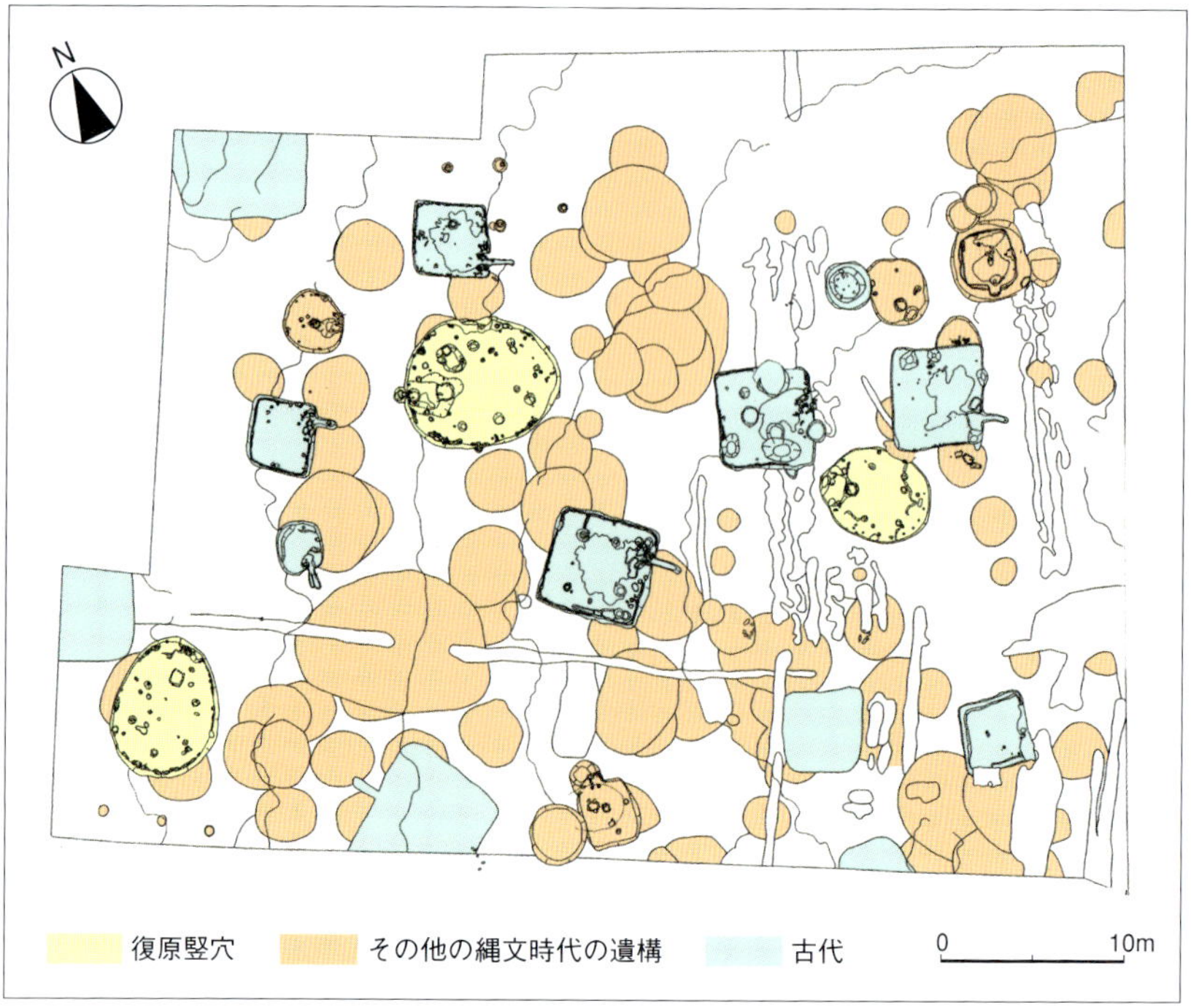

図 21 ● 東ムラの 2 調査区遺構配置図
大型住居を中心として中型住居、小型住居、さらに掘立柱建物を復原している。
小型住居と掘立柱建物は樹皮葺き、そのほかは土屋根住居である。

掘した竪穴は三四棟、未調査の竪穴は二〇〇棟あり、合計二三四棟を確認している。未確認部分がまだあること、未調査の遺構が大半であることを考えると、今後も遺構数が増えるのは確実で、最終的には東側だけで二五〇棟を超すであろう。

竪穴住居は復原対象の時期である御所野Ⅳ期を中心に調査しているが、遺構数が多く、しかも大半が重複しているため、そのまま調査を進めていけば膨大な遺構を調査することになる。したがって、すでに調査ずみの竪穴住居をもとにして、復原のために必要最小限の竪穴住居を掘り進め、最終的には大型住居一棟、中型住居二棟、さらに小型住居一棟を確定し復原することにした（図21）。

土器製作用の粘土採取跡の発見

東ムラでは、縄文人が粘土を採掘した跡を発見している。遺構の密集地からさらに南側の斜面で見つかっており、当初貯蔵用のフラスコ土坑ではないか

図22 ● 粘土採取跡
最初縦に掘り下げて粘土層に達してから10～20cmほどの粘土層を横に掘り進めて採取している。白いのが土坑に残された粘土である。

と考えて掘り下げたところ、粘土採掘した跡であった。不規則な穴が粘土層を追いかけて掘られており、穴の周辺には白色粘土がそのまま付着していた。全長六・四メートル、幅四・六メートルの採掘跡で、比高差二メートルの斜面を下から順に掘っていた（図22）。

粘土は十和田火山灰であるシラスが長い間水を含むことによって粘土になったものと考えられ、御所野遺跡のいたるところに分布しているものと予想されるが、斜面のほうが浅く掘りやすかったのであろうか。粘土は竪穴住居跡内からも出土しており、床に置かれたり、竪穴に埋まった土に混入している場合もある。

同じ粘土は縄文体験施設の基礎工事の際に大量に出土しており、それを使った土器づくりを縄文体験としていままでに約一〇〇〇個つくっているが、焼成の段階で割れたのはほとんどなかった。こうしたことから、御所野遺跡の周辺から出土する粘土は土器製作に適していたことがわかる。

4　焼失住居を発見した西ムラ

焼失住居跡の発見

一九九六年の春、西ムラの竪穴住居跡の調査を開始した。西ムラでは、すでに一九九〇年の調査で竪穴の輪郭にそって炭化材が分布していたのを確認していた。焼失した竪穴住居の跡である。保存状態がよく、はたして中にどのような状態で材が残存しているのか、調査を楽しみにしていた。北海道大学教授で整備指導委員の林謙作先生にもその状況を説明し、そのうちびっくりするような焼失住居跡を調査するので期待してくださいとお伝えしていた。最初に調査した焼失住居は大型住居と中型住居の二棟で、併行して掘り下げたところ、予想以上に炭化材が少なく、しかも炭化材は竪穴の縁にだけ集中するという状況で、完全に肩すかしの状態であった。

ところが、中型の竪穴調査の途中でとくに硬い面が出てきたので、それを床面と判断して作業員がその一部を踏みつけたところ、そこはやわらかい部分だったようで、踏み抜いて、足が穴に落ちてしまったのである。中をのぞいたところ、驚いたことに中に大量の炭化材が残っていた。炭化材は竪穴のほぼ全域にあり、しかもきわめて保存状態がよかった。

土屋根住居の検証

中型の竪穴住居は径四メートル程度であるが、それより大きい長軸径八メートルの大型竪穴住居には、さらに密集した状態で炭化材が残存していた（図23）。壁にそって割板が立ちならび、斜面下の東側を除いてほぼ全周していた。床上、さらには堆積土中にも大量の炭化材や焼土が残っていた。そして炭化材や焼土の堆積状態を観察したところ、屋根に土をのせていたことがわかったのである。

図24は大型住居（ＤＦ22）の炭化材が保存されていた状態を図化したものである。堆積土から、出土炭化材や焼土はつぎのように三区分できた。

（A）三層の上に散在している炭化材で、いずれも小片で竪穴の中央部に集中している。なお南側には礫《れき》が集中している。

（B）三層中の炭化材で、いずれも保存状態がよくほぼ全域に分布している。以上の炭化材は三層と対応し、壁際で厚くなりしかも上下に重なっている。

（C）床面から出土する炭化材で、大半は中央部に限られる。長さ一〇〜三〇センチのものが多い。しかもいずれも細かく割れたものが多く、方向も一定しない。分布範囲は各柱穴を結んだ線の内側に集中している。

以上の炭化材と焼土との関係は、

炭化材A群と三層上にある焼土

炭化材B群と三層中にある焼土と西側壁の焼土

床上の炭化材C群と焼土

となり、各層ごとに区分された炭化材と焼土は、そのまま竪穴の中に落ちた時間差をあらわしているも

図 23 ● 焼失住居跡
大型の焼失住居跡（DF22）の炭化材や焼土の残存している状態。中央より竪穴周辺に炭化材や焼土がよくのこっている。

のと考えた。つまり、C↓B↓Aのように堆積していったと考えられ、Bに含まれる堆積土はそのまま屋根にのっていたと考えられる。

このような想定は、その後の焼失実験でも見事に証明され、縄文時代の土屋根住居が具体的に確認できたのである。屋根に土をのせているほか、掘り込まれた壁には割板を連続して直立させたり、あるいは建築材によっては部分的に加工している個所もあり、想像以上に手の込んだ住居であったことが判明している。

またこの大型住居跡では、大量に出土した炭化材の中から五〇五点を樹種鑑定しているが、そのうち四四四点、つまり八八パーセントがクリ材であった。建築材にクリを使うのはこの竪穴だけでなく、御所野遺跡のほかの焼失住居も同じであり、さら

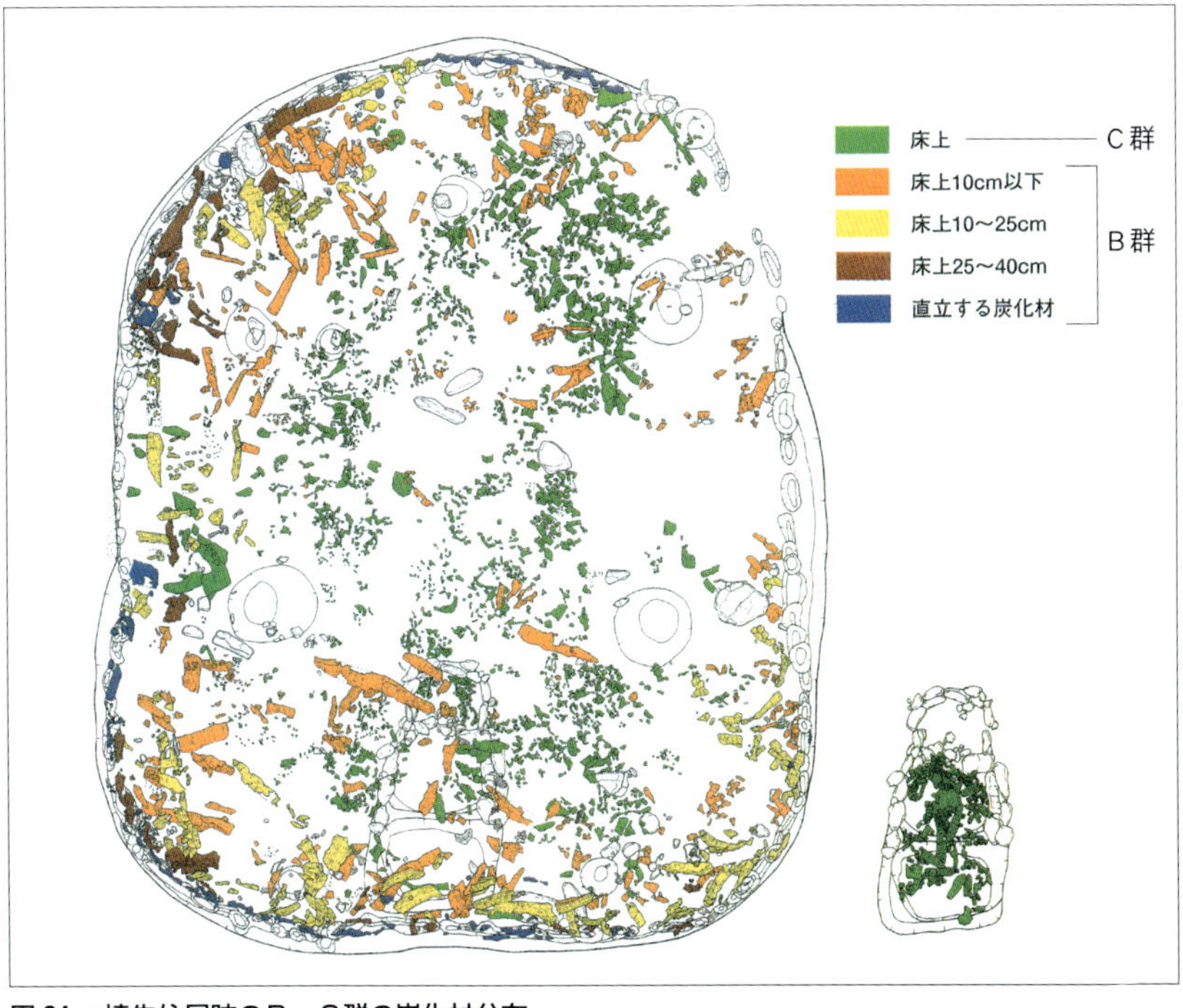

図24 ● 焼失住居跡のB・C群の炭化材分布
図23の炭化材を図化したもので、レベルごとに着色している。緑がC群で、その他はいずれもB群。A群は、B・C群をおおっている土の上にある。

に縄文時代全般に認められることである。クリの場合、タンニンを含み腐食しにくいといわれているが、それが大きな理由であろうか。

西ムラの竪穴住居

西ムラでは、五〇～七〇棟ほどの竪穴住居跡を確認しているが、未確認の部分がまだあり、最終的には一〇〇棟を超すものと思われる。一九九六、九七年の調査区では二六棟を確認しており、そのうち二二棟を掘り下げて調査した。いずれも御所野Ⅱ期からⅤ期までの各時期の竪穴住居であるが、なかでもⅣ期からⅤ期のものが多い。なかには遺物が出土していないために時期を特定できないものもあるが、竪穴の平面形や炉の形態からおおよその時期の推定は可能であり、それをもとに整理すると、Ⅳ期が七棟、Ⅴ期が一〇棟となる。

そのなかで炭化材や焼土が残存している焼失住居跡は七棟まで確認している。七棟のうちⅡ期が二棟、Ⅳ期が一棟のほかはいずれもⅤ期の竪穴で四棟となっている。しかも出土遺物を詳細に検討したところ、御所野遺跡でもっとも新しい時期の竪穴住居群であることが判明した。

四棟の規模は図25・26のとおりであるが、大型竪穴（ＤＦ22）を中心として、中型竪穴（ＤＥ24）、さらに小型竪穴（ＤＨ28、ＤＧ26）となっている。各住居の面積比は、小型住居の三倍が中型住居、中型住居の四倍が大型住居となっている。

以上の四棟は、どのように使用されていたのであろうか。それぞれの竪穴住居の出土遺物から検討してみよう。

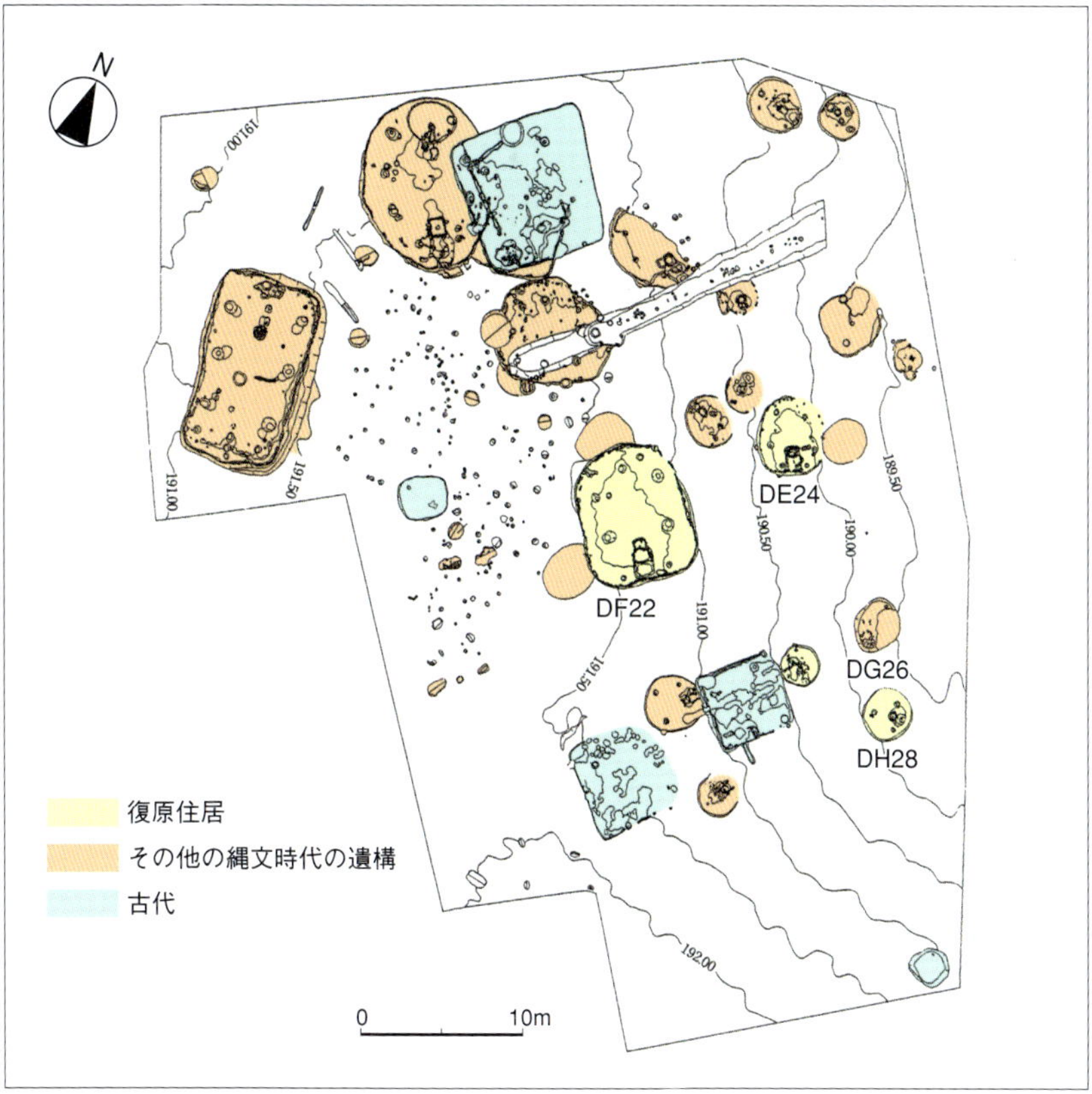

図 25 ● 西ムラの調査区遺構配置図

NO	遺構名	規模（床面積）	柱　穴
1	DG26（小型竪穴）	2.3×2.4m（4m²）	柱穴なし
2	DH28（小型竪穴）	3.0×3.1m（7m²）	柱穴3本
3	DE24（中型竪穴）	4.1×4.7m（14m²）	柱穴6本
4	DF22（大型竪穴）	6.9×8.4m（47m²）	柱穴7本

図 26 ● 竪穴住居 4 棟の規模

竪穴住居の機能

図27は各竪穴住居から出土した遺物の一覧表である。ここでおもしろい結果がでている。土器がもっとも多く出土しているのはＤＨ28という小型住居で、六個まとまって出土している。しかも竪穴の壁から五〇センチほど内側に入った場所で、ほぼ一巡するような形で倒れていた。あるいは竪穴の壁の上に置かれたものが、そのまま床に落ちて割れてしまったものかもしれない。

それに対して、大型住居（ＤＦ22）からは、入口に近い炉の周辺から文様のない粗製土器、奥壁際からトックリ形土器や彩色土器、あるいはミニチュア土器など、あまり一般的ではない特殊な土器が出土している（図28）。中型住居（ＤＥ24）からは、小形土器の破片のほか胴部

遺構名	NO	種　別
DG26（小型竪穴）	1	深鉢形土器
	2	深鉢形土器
DH28（小型竪穴）	1	深鉢形土器
	2	深鉢形土器
	3	深鉢形土器
	4	深鉢形土器
	5	深鉢形土器
	6	深鉢形土器
	7	石　鏃
	8	クルミ
DE24（中型竪穴）	1	深鉢形土器
	2	凹石類
	3	敲石類
	4	敲石類
	5	クルミ2点
	6	石　鏃
DF22（大型竪穴）	1	小形土器
	2	トックリ土器
	3	トックリ土器
	4	深鉢形土器
	5	深鉢形土器
	6〜8	石　鏃
	9	石　錐
	10、11	石　斧　2点
	12	磨石類
	13	作業台
	14	石　棒
	15〜17	石　皿　3点
	18	板状花崗岩
	19〜25	クルミ
	26	ト　チ
	27〜29	不明種子

図27 ● 竪穴住居の出土遺物一覧

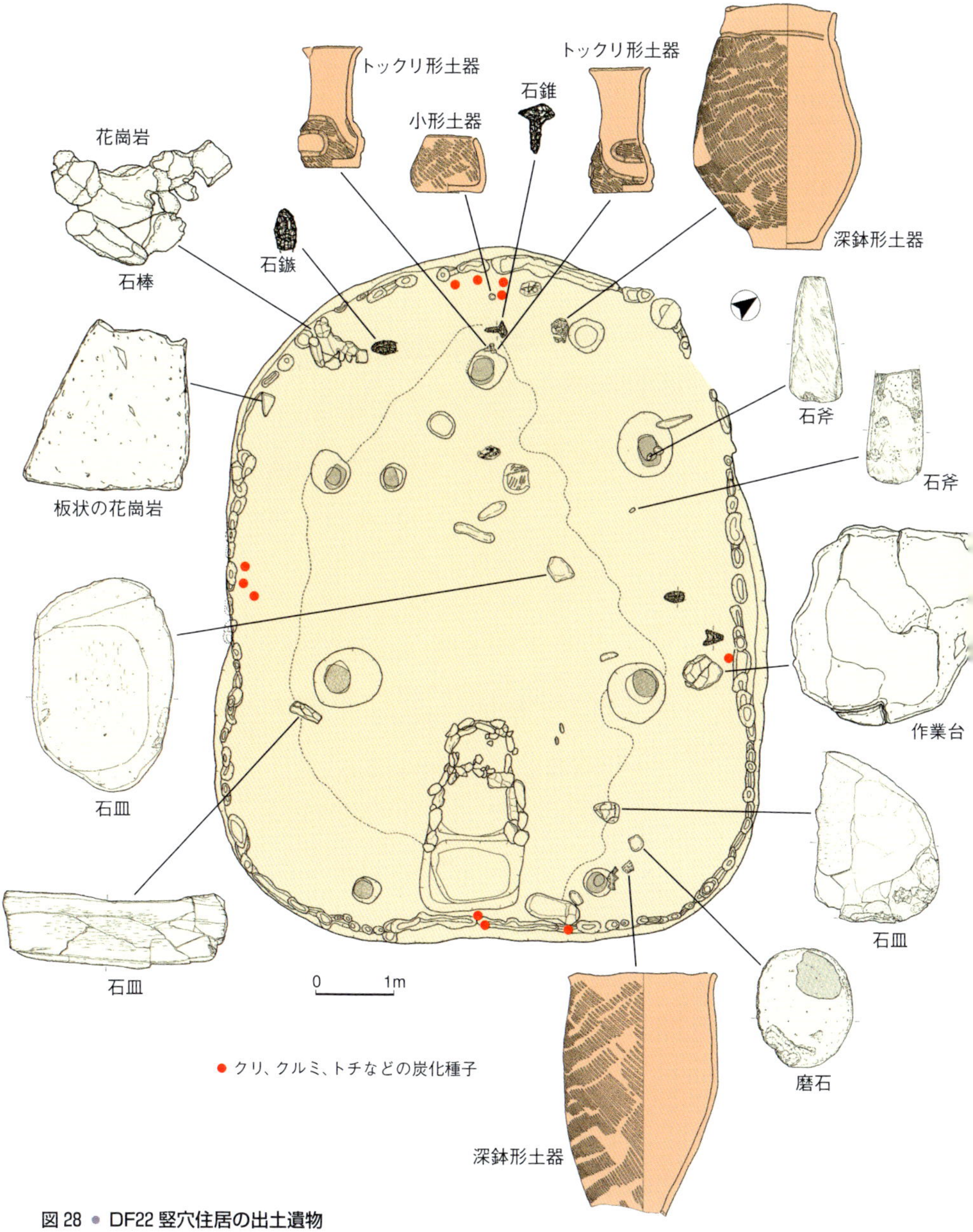

図28 ● DF22竪穴住居の出土遺物

を切断し転用した深鉢が出土しているだけである。

石器は大型住居（ＤＦ22）と中型住居（ＤＥ24）から出土している。中型住居は磨石《すりいし》類だけであるが、大型住居は狩猟具から工具、さらに砕粉具《さいふんぐ》等種類も数も多い。そのほか炭化した種子は大型住居と中型住居から出土しており、それぞれ竪穴内で貯蔵していた可能性が強い。

特殊土器以外でも、祭祀にかかわる遺物は大型住居と中型住居から出土している。大型住居の場合、入口から入った奥壁の左側の壁際には石棒が立てかけられ、その上に花崗岩が横たわり、さらに床面には三角形を呈する板状の花崗岩が直立していた。しかもその周辺から前述のような特殊な遺物が出土している。花崗岩は中型住居（ＤＥ24）でも同じ場所から出土している。以上から、この時期の竪穴住居では奥壁の左寄りを祭祀の場としていた可能性が高い。

これらの四棟は、同じ型式の土器が出土し、しかも出土遺物に偏りがあること、また祭祀空間をもつ竪穴ともたない竪穴があること、などからそれぞれが独立して並

図29 ● 復原した西ムラ

存した竪穴と考えるより、大型住居を中心として中型住居一棟、小型住居二棟をグループとした互いに密接に関係ある竪穴群と考えたほうがよさそうである（図29）。

遺物の出土量がそのまま竪穴の居住人口を反映しているようでもないし、しかもそれぞれの竪穴の遺物に偏りがあることから、四つの竪穴から出土した遺物を集団全体の共有物と考えることができる。そのように考えると、小型竪穴などは大型、中型の竪穴とは別な機能をもっていた可能性もある。

本書では竪穴住居を一般的な用語として使用しており、それぞれの竪穴を厳密に住居かそうでないかを確認したうえで使用しているのではない。あるいは倉庫、作業場など特定の用途にのみ使われた竪穴もあった可能性が高い。

5　崖下のムラ

すでに紹介したように、御所野遺跡の西側の崖下には馬場平遺跡がある（図30）。一九七七年から七八年にかけて、国道四号線一戸バイパスの工事にともない調査している。

馬場平遺跡は、御所野遺跡の崖下の緩斜面に南北につらなった集落跡で、御所野Ⅱ・Ⅲ期の竪穴住居跡が発見されている。同じ場所で立て替えたものも含めると、調査した竪穴の数は四一棟となる。このうち出土した土器から時期を想定できたのはⅡ期が九棟、Ⅲ期が一二棟の合計二一棟である。竪穴の規模は床面積が七〇平方メートル以上の大型竪穴のほか、約四〜二四平方メートルの中型住居から小型住居までである。大型住居は中央部の同一地点で四棟検出されているが、そのうちの一棟は建て替えた痕跡があり、少なくともこの大型住居は中央部で五回まで建て替えられている。

以上の竪穴の出土遺物を比較すると、大型住居とそのほかの中小型住居もほぼ同時期のものが含まれており、ここでは大型住居を中心として中・小型住居の組み合わせによって集落が構成されていたものと考えることができる。このような住居群の組み合わせをⅢ期の住居群で検討してみよう。

Ⅲ期の竪穴と確認できたのは一二棟あるが、そのうち図31のC1、C5のように、同じ場所で重複したり、近接しているため同時には建てられないものもあるし、堆積土や出土した土器、あるいは竪穴の平面形などから検討すると、つぎのような組み合わせとなる。

各住居群の組み合わせは、小さく見た場合は大型住居一棟に中型住居、小型住居それぞれ二棟ずつの四棟、大きく見た場合は大型住居一棟と中型住居四棟、小型住居二棟の六棟となる。

図30 ● 馬場平遺跡の全景

図 31 ● 馬場平遺跡の竪穴住居群
南北 4 棟、東西 1 棟の大型竪穴住居がそれぞれ 2 分の 1 ずつ重複して建てられている。この 5 棟の大型住居を中心として集落が構成されている。

以上から、大型住居一棟を中心として中小型住居四〜六棟で構成されている可能性が強い。このような構成はⅡ期でも同じであり、馬場平地区では大型住居を中心として住居群が構成されていたものと思われる。

6 ムラの移り変わり

御所野遺跡では、遺構確認が六〇パーセント、さらに遺構を掘り下げて調査したのは全体の一〇数パーセントであり、まだまだ未確認のことも多いが、いままでの調査で判明していることと、馬場平遺跡、田中遺跡、大平遺跡など周辺で調査した遺跡の情報も加えて、ムラの移り変わりを考えてみたい。

御所野遺跡とその周辺の遺跡は、縄文時代中期後半を中心とした集落跡で、多数の竪穴住居跡が分布している。いままでの調査では、馬場平遺跡が四一棟、大平遺跡が一五六棟、田中遺跡が九七棟、下地切《しもじぎり》遺跡が一三棟、さらに国道四号線一戸バイパスで調査した子守遺跡や田中一〜五遺跡などの調査では一五棟となっている。御所野遺跡では、検出した遺構数から六〇〇棟ほどと推定しているが、そのうち現在までに一五〇棟の竪穴住居跡を調査している。

これらの遺構のなかには後期のものもいくつか含まれているが、大半は中期中頃から中期末までのものである。つまり御所野遺跡とその周辺では、径二キロメートルの範囲に一〇〇〇棟近くの竪穴住居跡が分布していることになる。その移り変わりはつぎのようになる。

Ⅰ期（円筒上層c式）　御所野遺跡に隣接する馬場平遺跡にはじめて竪穴住居があらわれる。この時期の土器は御所野遺跡の中央部で発見されており、御所野遺跡でもこの時期の竪穴住居が見つかる可能性もあるが、いまのところは確認されていない。

Ⅱ期（円筒上層d・e式）　一気に集落が拡大する。馬場平遺跡では大型住居一棟を中心として四〜六棟の中・小型住居からなる住居群の構成となり、三〜四回建て替えられた大型住居を中心とした集落の構成が継続される。同じく御所野遺跡の東、中央、西の各ムラでもこの時期の大型住居を調査しており、馬場平遺跡と同じく大型住居を中心とした集落構成が継続されたものと思われる。ただ各地点ごとの変遷やこの時期にさかのぼる墓域もまだ不明である。

この時期の竪穴住居は大平遺跡でも確認されているが、大型住居はなく、一〜二棟の中小型住居だけで構成されており、馬場平遺跡や御所野遺跡の住居群の構成とはやや異なっている。

Ⅲ期（大木八b式）　南の大木式土器文化圏の影響が強くなり、大木式土器そのもの、大木式土器の影響を受けた土器が出土するようになる。Ⅱ期と同じく馬場平遺跡では、大型住居を中心とした構成になるし、御所野遺跡の中央ムラの東西両側に竪穴住居が密集している。同じく大型住居を中心とした集落構成とも考えられるが、詳細についてはまだ不明である。

Ⅳ期（大木九式）　大型住居はやや小型になるが、東ムラ、中央ムラ、西ムラにそれぞれ大型住居を中心とした住居群が分布している。大型住居は径一〇メートル以下となり、形態は卵形でその先端部が入口となっている。中型・小型それぞれの竪穴が分布している。

馬場平遺跡では、ムラがなくなり、御所野遺跡に限られてくる。Ⅳ期の終わりからⅤ期にかけて中央部が墓となり、その周辺に掘立柱建物がつくられ、墓を中心とした集落構造が姿をあらわす。

Ⅴ期（大木一〇式） 墓を中心としたムラの構造が維持される。西ムラでも大型住居を中心とした住居の組み合わせで東、西などに住居群が密集している。とくに東ムラは従来の密集している南東部だけでなく北側、中央ムラでも盛土遺構の外側など、それまでは住居がつくられなかったところにも数棟の組み合わせでつくられるようになる。つまり御所野遺跡の中でも集落そのものが分散するようになる。さらに御所野だけでなく、田中遺跡、大平遺跡、子守遺跡など周辺にまで集落が分散しており、竪穴の数は大幅に増えその分布範囲も広くなるが、墓や捨て場などは御所野に限られるようである。つまり、御所野遺跡の墓やまつりの場はそのままで、竪穴住居群や土抗などの居住域が周辺に分散していったものと考えられる。

縄文時代中期末になると、それまで一カ所に集中していた縄文集落が少しずつ分散するということは、最近各地で指摘されているが、御所野遺跡とその周辺遺跡との関係はこの様子を具体的に示している。つまり、このような変化は一気におこなわれたのではなく、少しずつ、しかも集落のある機能だけはもとに残したまま、居住の場所が分散する形で変化していったことが認められる。

後期になると分散化が進み、やがてこの集落の分散化に対応するように共通のモニュメントとして径三〇メートル以上の大型のストーンサークルがつくられるようになる。これが秋田県大湯環状列石に代表される後期の大型の配石遺構である。

第４章　土屋根住居の復原実験

1　竪穴住居は土屋根だった

驚きの復原図

一九九六年一一月のある日、その年の西ムラの調査がほぼ終わり、翌日の現地説明会に先立ち記者発表を予定していた。その年は保存状態のよい焼失住居跡が見つかり、全国ではじめて縄文時代の土屋根住居を確認していた。記者発表では、その成果を公表するとともに、共同調査した奈良国立文化財研究所の浅川滋男《しげお》主任研究官（現在、鳥取環境大学教授）、西山和宏調査官による復原図も一緒に公開することになっていた。

復原図は当日の昼近くにようやく届き、わたしたち発掘関係者も取材の記者も、ほとんど同時に見ることになった。図を見て一同あ然とした。従来の茅葺《かやぶ》きの復原住居とは似ても似つかない、ドーム式の竪穴住居がそこに描かれていた。新たな縄文観の誕生、そのような思いをいだかせる新鮮な驚きであった。

土屋根住居の発表は、大きな反響をよんだ。なかには、冬はまだしも、夏は蒸し暑くとても住めない、とくに日本のように高湿多雨の地域にはむかない、という意見が寄せられた。わたしたちも土屋根住居についての情報があまりなかったこともあり、実験的に建物をつくって検証してみようということになった。実験は翌年の一九九七年八月にはじまった。

復原する竪穴住居の設計

復原する竪穴は、ゆるやかな斜面にあったＤＥ24という中型の竪穴住居である。斜面下の東壁は削られて残存していなかったが、南北四メートル、東西三・八メートル、床面積は一二・六平方メートルの竪穴である。発掘調査された壁の高さは、もっとも深い西側で三〇センチと全体に浅い。

炉は南側の壁寄りにあり、炉と壁の間は長さ一一〇センチ、幅六〇〜七〇センチ、深さ一五センチに掘り込まれており、しかもその底面は硬く叩きしめられていた。この掘り込み部分は従来の調査例から出入口に関連する施設と考えており、しかも壁際に二個の杭穴が対で発見されることから、ここに入口の階段が設置されていたものと思われる。

炭化材は竪穴のほぼ全域から出土しているが、なかでも壁の残る西側が特に保存状態もよく、主柱の痕跡と考えられる直立した材も見つかっている。炭化材は前述したように大半がクリで、縄文時代のほかの竪穴と同じく建築材としてクリを多用していたことが明らかになっている。

竪穴内には、黒褐色土が残っているが、とくに屋根土が崩落したと考えられる層には部分的に褐色土や白色土が混入しており、しかも固くしまっている。

以上のデータから作成したのが図32の復原図である。図の作成にあたっては、まず竪穴の深さを五五センチとした。じつは周辺で調査した平安時代の竪穴住居がほとんど床面しかなく、その後に削られていたことがわかっており、それを二〇センチと想定してこの深さとしている。こうした現場での資料をもとに、つぎに建築の専門家に具体的に検討していただいた。

壁の上の周堤は六〇センチ、梁《はり》・桁《けた》の高さは人間の背丈や土屋根の勾配に見合うように一・六五メートルとした。その結果、竪穴床面から建物全体の高さは二・七〇メートルとなっている。柱配置は六角形で、竪穴の平面図と炭化材の出土状態から、垂木を求心的に配列し、棟木

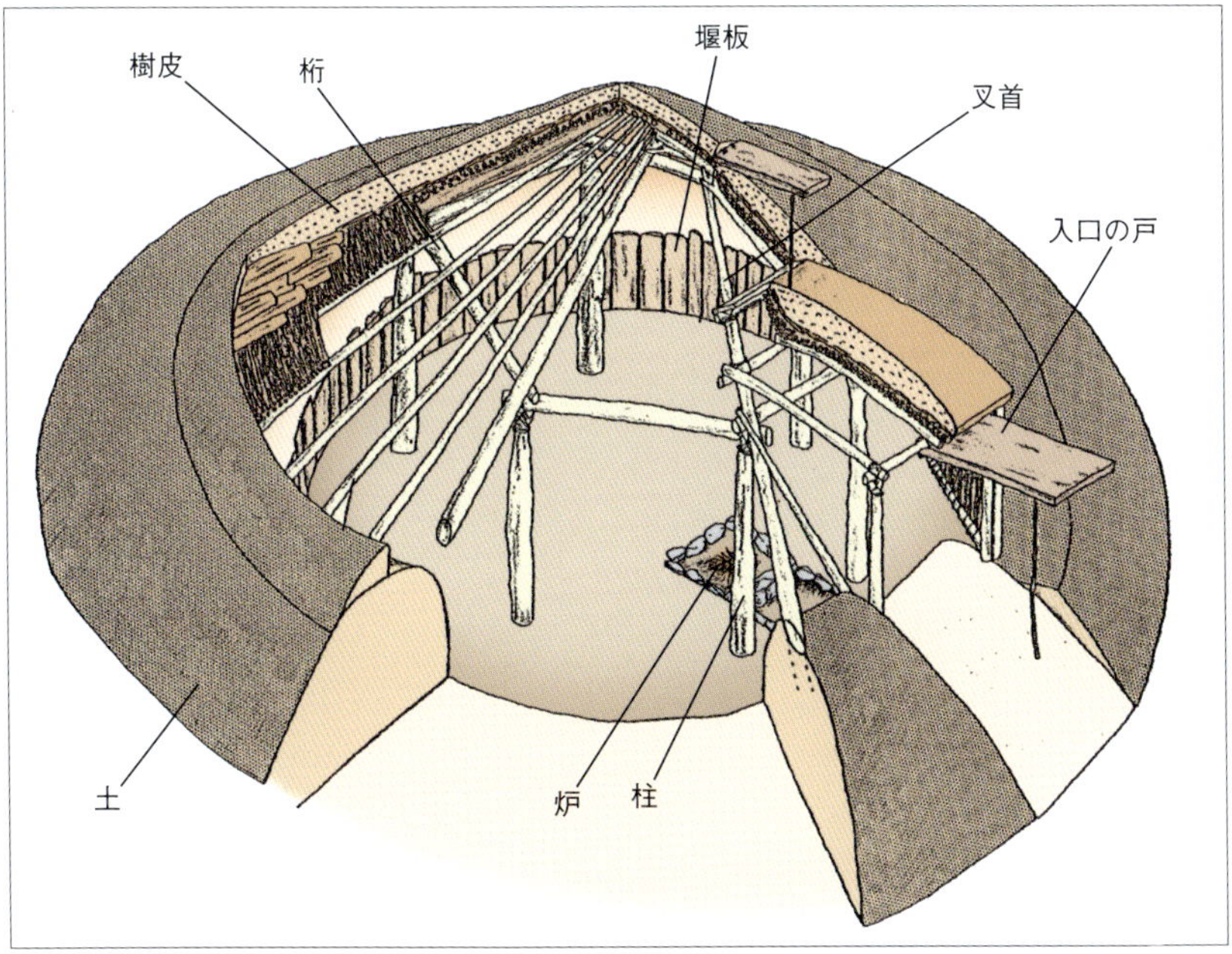

図32 ● **土屋根住居の復原図**
焼失住居をもとにした最初の復原図である。その後建築実験などで確認されたことをもとにして修正を加えており、正式な復原までに3回図面を作成している。

で押さえる構造とした。屋根材は小枝を厚く敷きつめ下地とし、その上を厚さ一〇センチの土でおおった。なお、この竪穴では判別できなかったが、別の竪穴では天窓の痕跡を確認していることから、炉の上に煙出しをかねた天窓をつけた。竪穴の壁には、炭化した板状の堰板《せきいた》が縦に残っており、割材を直立させてから横木で固定、入口は扉を上下に開閉する跳ね上げ戸としている。

復原前の準備作業

さて、復原図ができあがったので、つぎは材料の準備である。発掘された建築材はクリだったので、遺跡周辺のクリを伐採し加工することにした。

まず主柱と梁や桁の太さにあわせてほぼ同じ大きさの木を伐採し、復原図の規格にあわせて切断して樹皮をはいだ。柱材と梁・桁材を確保した後は、同じ木から一〇本ほど垂木材をとったが、実際は一九本も必要になったため新たに枝だけ伐採し数をそろえた。いずれも伐採してすぐに樹皮をはぎ乾燥させているが、復原間近になってから防虫処理のため表面を焼いている。

屋根の下地として樹皮の使用を考えた。ただ樹皮はそのままでは丸くなるため、遺跡下の小川で一週間ほど板状に開いて水漬けにしており、その後陰干ししながら乾燥させた。樹皮だけで屋根の下地をつくると土が落ちる可能性もあるため、復原図にはなかったが、小枝を一メートルほどにそろえて束にして、樹皮の上にのせた。

竪穴の壁に立てた割板はかなりの量が必要で、いずれも半裁、あるいは三分割しているが、復原間近になってから材料を用意したため皮をはぐ余裕もなく、皮付きのまま使用した。

以上の建築材のほか、あらかじめ縄を大量に用意した。二種類あり、ひとつはシナの木（岩手県北地方ではマダとよぶ）、もうひとつはヤナギで、いずれも繊維をとり出してから水に漬け、使用する前日に撚《より》をかけ縄にした。いずれも聞き取り調査で、「つい最近まで使用しており、かなり丈夫だ」ということだったので採用した。ところが、実際に使ってみると、シナの木の縄は丈夫であったが、ヤナギは弱く切れやすかった。

土屋根住居の復原

いよいよ復原作業の開始である。最初に一メートルごとのメッシュをつくり、発掘調査の図面をもとに正確に地面に竪穴の輪郭を描き、その範囲を五〇センチまで掘り下げた。作業員五人で完掘までおよそ三時間を費やしている。

復原した場所が盛り土したところだったので、それを掘り込んだためか壁は崩れやすかった。最初は内側に斜めになるように掘り、壁板を立てる段になってから再度壁を削り直している。五〇センチも掘り下げると、思いのほか土量が多くなり、竪穴の周辺が土堤状に盛り上がってきた。

つぎは壁の構築である。同じく調査で確認した穴の場所に杭を打ち込み、杭と杭の間に割材を立てて横木で押さえた。

柱穴は発掘のデータにもとづいて、大きさ、深さともに正確に掘り込んだ。柱を埋めた後、土を戻してから小さい棒でていねいに突き固めたが、柱穴の深さが平均四〇センチと浅かったため、柱はかなりぐらついた。柱はいずれも先端部が二股になっており、その間に梁や桁をのせ縄で固定した。あいだにはさみ込むだけなので、比較的作業は簡単であった。

このように梁や桁をのせて組むと柱も安定してくる。その後、柱と梁の上にやや太目の隅木《すみぎ》（叉首）、その間に垂木をのせたが、同じく先端が二股のものを使用して噛み合わせたことから、頑丈なものになり、棟木の必要がなくなった（図33）。

その後、垂木の上には小枝や樹皮を下地としたが、垂木の間隔が開きすぎたり、曲がったりして不安定であった。そこで復原図にはなかったが、垂木よりも若干細めの木をほぼ五〇～六〇センチ間隔に横に渡して、縄で固定した。この横木を垂木に縛る作業は、予想以上に手間どっている。

横木を固定してから樹皮をのせたため、樹皮はあ

図 33 ● 土屋根住居の上屋復原

叉首の固定作業、叉首はおおよその長さや太さは同じであるが、規格品でないため現場であわせながら固定している。

らかじめ長さ八〇センチほどにそろえて伸ばしたものを縦に並べたが、屋根の下半分でほとんどなくなってしまった。急きょ別グループの作業員に樹皮を集めてもらうことにしたが、使用する建築材からとれる樹皮だけでは必要量の半分ほどにしかならないことがわかった。

樹皮の上には小枝をのせ、その間に葉の付いたヤナギの枝を置いて土をのせたところ、ほとんど崩れなかったので、同じようにしてから垂木や横木にからませて縄で締めている。

この屋根の下地になる樹皮や小枝を垂木や横木に固定する作業は、竪穴の中と外とそれぞれに分かれて作業したが、かなりの時間を費やしている。

最後に全員で土を運び、屋根にのせて完成である（図34）。竪穴を掘りはじめてからここまで、作業員五〜六人で五日間を要した。

その後、竪穴の東側を板で叩きしめていたところ急に雨が降ってきた。作業ができないくらい強く一

図34 ● 土屋根住居の完成
土屋根住居は完成してすぐは土がそのまま露出しているが、その後草が生えてくると季節により表情がかわってくる。

時間ほど降りつづいたが、それでもまったく土は流れなかったし、竪穴内にも入ってこなかった。突然の雨でとまどったが、かなり強い雨でも土は流れないことを確認できている。ただ入口の張り出した屋根は勾配がゆるすぎたのか、その部分に水がたまりしみ込んできたので、さっそくその部分は修正している。

2　土屋根住居の焼失実験

めずらしい縄文住居の焼失実験

復原した土屋根住居は完成後、二カ年間温湿度のデータをとりつづけた。そしてある程度の情報が得られたので、今度は焼失住居で得られた情報を検証するため焼失実験をおこなうことにした。実験は一九九九年九月におこなった。当日は竪穴住居が万が一、延焼した場合を想定し、地元の消防団に待機してもらった。縄文住居の焼失実験ということで、御所野愛護少年団の子どもたちをはじめ、遠くは青森県や岩手県内からも研究者などがそれぞれ期待を胸に集まってきたため、はじめる頃には二五〇人ほどに膨れ上がっていた。

土屋根住居は密閉されているため、中で火をつけてもすぐに酸欠状態になり、あまり燃えないであろうと考えていたため、あらかじめ竪穴はできるだけ開放状態にして、意識的に住居を焼くことを前提として実験をおこなった。そのため事前に天窓や入口の簾《すだれ》などもとり除き、開口部はできるだけ広くして、なおかつ六本の柱全部に薪を立てかけ、さらに炉の上からその上の火棚にまで薪をのせて火がスムーズに屋根に移るように工夫した。

焼失の経過

最初に炉の中に種火をつくり、そこから各柱に寄せた薪につぎつぎと点火し、最後に炉近くの薪に点火した。各柱につけた火は、酸欠状態となり消えたが、炉の近くは燃え、点火後五〜六分で床上の薪が本格的に炎上し、一〇分で全体に火がまわり、一五分で天窓に着火した。やがて火棚が崩落するとともに天窓周辺がいきおいよく燃え、二〇分後に天窓周辺の屋根の一メートル四方が逆転しながら落下した。その後つぎつぎにまわりの屋根が小さいブロックとなって落下し、それとともに空気が中に入り勢いよく燃え、一段落するとまた酸欠状態となる、ということがくり返された。

その後、酸欠状態が長く続き、一時火が消えそうになったので、入口付近から薪を新たに追加して火

図35 ● 土屋根住居の焼失実験
上の屋根が崩落すると空気が中に入ってこのように勢いよく燃える。そのほかはほとんど火力が弱くあまり燃えない。

力を強くした。火力が強くなるとともに奥の屋根が大きく崩落し、これを契機として左右の屋根もつぎつぎと崩れ、五五分後には梁・桁の内側部分の屋根すべてが崩落した（図35）。

屋根の崩落により空気のまわりがよくなったのか、今度は各壁の堰板が勢いよく燃えだし、なかには内側に倒れ込むものもあった。このようにして点火後およそ一時間を経過してようやく火は消えたが、その後もときどき再燃し、最終的に鎮火したのはおよそ四八時間以上たってからであった（図36）。

焼失住居の意味

この焼失実験の目的は、焼失の過程を観察して土屋根住居を検証することと、各部材の残存状態から発掘調査で出土した炭化材の建築部位を確認することであった。

発掘調査では炭化材と土層堆積の状況から土屋根住居と判断したが、今回の実験でそれが具体的に裏

図36 ● 上屋が燃え落ちた土屋根住居
壁の内側にある上屋は燃え落ちるが、柱や梁・桁は直立したまま残っている。このようなくぼ地になるとその後はほとんど変わらない。

づけられた。つまり炭化材と焼土が土の上下に分布したり、堰板が直立したまま炭化して残るという状況が見事に再現されたのである。そのほか建築部材のうち、柱や梁・桁などの構造材は燃えないで残り、それ以外の垂木や母屋が土とともに崩落するため炭化して残りやすいこと、天窓の部分は土がないためくぼみとなり、そのなかに焼け落ちた炭化材などが入り込むことから、発掘調査で土層をていねいに観察すればその位置も推定できそうなことなどである。

今回の実験で土屋根住居は燃えにくいということがあらためて確認できた。着火から燃えあがるまでの過程をみても、たとえば失火で燃えるとか、あるいは周辺に延焼するという状況も考えにくいことなどもわかってきた。したがって焼けた土屋根住居の場合、意識的に燃やしたものと考えたほうがよさそうである。たとえばアイヌには、住んでいた家で死者が出た場合、家を焼くという風習、カス・オマンデというのがある。そのような禁忌的な風習でもあったのだろうか。

この実験をおこなった住居跡はそのまま屋外に展示している。二〇〇四年秋でほぼ五年が経過したが、堆積土もほとんど変わらずくぼ地に草がボウボウと生えたままの状態となっている。

3　縄文の道具復原

縄文の石斧で木を伐る

二〇〇〇年の夏のある日、御所野遺跡の東側にある「縄文の森」で、コーン、コーンという、斧で木を切るなつかしい音が聞こえてきた。これは縄文時代の石斧《いしおの》を使って木を伐採している音で、東京都立大学（現・首都大学東京）の考古学教室が考古学実習のひとつとして前年度から一戸町で実施している伐採実験である（図37）。

場所は「縄文の森」北側の緩やかな斜面で、およそ二〇〇平方メートルの森の中で一五本のクリを伐採している。手なれた男の人が柄つきの石斧をクリの木めがけて打ち込んでいるが、想像以上に石斧が木に食い込み、直径二〇～三〇センチの木が一〇分くらいで倒された。実験では木を倒すだけでなく、打ち下ろすたびにカウントする人、撮影する人、さらにある程度回数がきたら顕微鏡で観察する人など、六～七人がチームを組んでおこなっている。

目的は、遺跡から出土した資料をもとにして、復原した磨製石斧に柄をとり付けて木を伐採し、磨製石斧の威力を確認することと、伐採された木

図 37 ● 石斧を使った伐採実験
石斧での伐採は手慣れた人であれば予想以上に早く伐採できるが、石質が粗悪であったりすると途中で斧が折れたり、柄が割れたりする。

の痕跡を遺跡から出土した木質資料と比較し、縄文時代の木の伐採や加工の実態を解明することであった。

道具は、木製の柄、磨製石斧ともに、縄文時代前期の鳥浜貝塚《とりはまかいづか》（福井県若狭町）から出土したものをモデルとして製作している。石材は蛇紋岩《じゃもんがん》と凝灰岩《ぎょうかいがん》である。

ところで、縄文時代の石斧の柄は、（A）装着部がソケット式のもの、（B）部材を組み合わせて固定するもの、（C）さらにくりぬいた部分にそのままはめ込み固定するものとがあり、今回の実験でも三種類を併用した（図38）。

Aの場合は石斧とソケットがフィットしないと中途で石斧が折れたり、あるいは使用中に外れるため、それを防ぐため中に詰め物をして調整しなければならなかった。また柄のソケットにもヒビが入ったり、割れたりするため、柄自体もしょっちゅう交換しなければならない。それに対してBは石斧に合わせて固定するため、柄自体の損傷はなく、道具も長持ちする。またCは石斧を頭部からはめ込み固定するので、途中で抜けたり、あるいは折

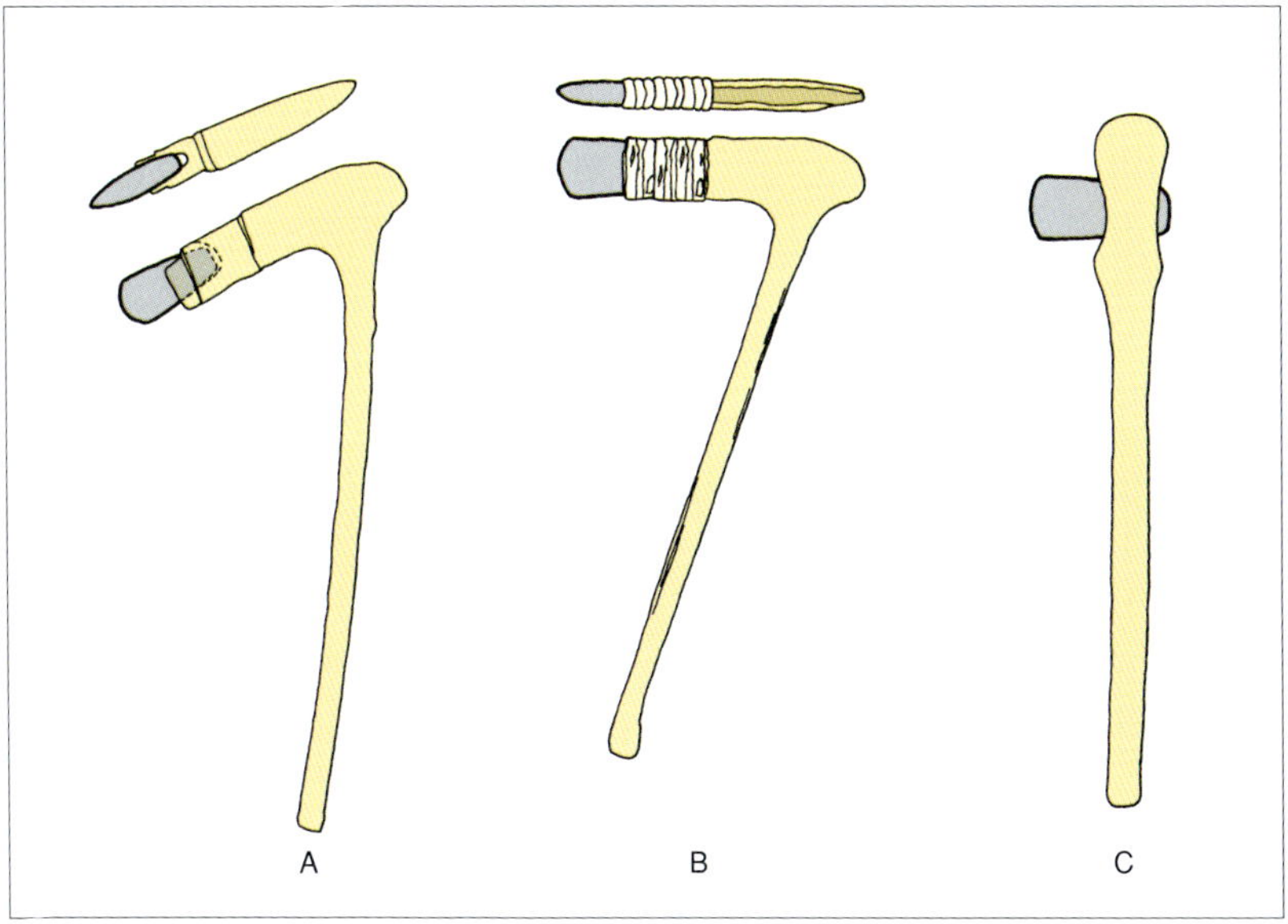

図38 ● 石斧の柄のタイプ

れることもほとんどない。

良質の石材が作業効率をあげる

以上の石斧は、Aが縄文時代前期を中心とした中期中頃まで、Bは中期末以降の例であるが、Cはもっとさかのぼる可能性もあるという。BはAを改良したものであるが、中期末には石斧の種類が多くなるため、考古学教室の指導者である山田昌久先生は柄の改良とこの斧の多様化により、この時期に木材加工の範囲と量が飛躍的に拡大したのではないかと指摘している。

じつは前年度の実験では、石斧は御所野遺跡の出土品をモデルにして、秋田県の大館市周辺の川で採集した硬質頁岩《けつがん》で製作し、柄は鳥浜貝塚の出土品をモデルにしたものを使用したが、損傷が激しかった。そのため今回は石斧と柄を同じ鳥浜貝塚から出土したものに統一し、石質も蛇紋岩や凝灰岩を採用している。

実験の結果、蛇紋岩や凝灰岩のほうがかなりの回数使用しても損傷、あるいは磨耗も少なく、頻繁に研ぎ直さなくても長期間使用できることがわかった。つまり使用する石材によって成果が異なっており、木材が大量に必要になってくると、良質な石材をいかにして手に入れるかが重要になってくる。そのため良質な石材の生産地が出現し、それをキーとした遺跡のネットワークなどが形成されてくる。その時期が縄文時代中期と考えられており、柄の改良や多様な石斧が増えることと連動しているのかもしれない。

ところで、実験では、伐採の時期によって伐採時間が極端に異なることがわかっている。つまり水分を吸い上げる時期とそうでない時期とでは倍以上ちがう。たとえば五月から八月頃までは木もやわらかく伐採も簡単であるが、それ以外の時期は硬くなるため時間もかかる。また樹皮もその時期だと簡単にはがれるが、それ以外の時期は難しい。このようなことから木を伐採した時期なども限られていた可能性がある。あるいは縄文人は夏に家を建てていたのであろうか。

4　縄文の道具で竪穴住居をつくる

こうして住居、道具の復原・実験をおこなってきたが、今度は、遺跡から出土した縄文時代の道具を参考に新たに道具を作成して、その道具を使って竪穴住居を復原することを試みた。実験は同じく東京都立大学の考古学教室がおこなって、道具の復原は山田昌久先生が監修、道具は新潟県村上市の磯部保衛《やすえ》さんと一戸町教育委員会で製作した。

復原した土掘り道具

土掘り具といえば、いままでは一般的には打製石斧と考えられていたが、遺跡から出土した木製品のなかにその可能性の強いものがあり、今回それを道具として復原した。おそらく木製の道具を想定し実験をおこなったのは、全国でもはじめてのことと思われる。土掘り具と考えられるものはつぎのものである。

鍬（図39、①②）　鍬は鍬身と柄を別々につくり、それを組み合わせて縄で固定している。鍬身は、縄文前期の押出《おんだし》遺跡（山形県高畠町）と晩期の大日向《おおひなた》Ⅱ遺跡（岩手県軽米町）、柄は前期の鳥浜貝塚（福井県若狭町）、後期の忍路土場《おしょろどば》遺跡（北海道小樽市）から出土している。二本製作しているが、ひとつは大日向Ⅱ遺跡の鍬身と忍路土場遺跡の柄（①）、もうひとつは押出遺跡の鍬身と鳥浜貝塚遺跡の柄（②）である。コナラ材で復原している。

鋤（図39、③④）　縄文時代中期の栃木県下田《しもだ》遺跡から出土したもので、長さ一八〇センチに復原しているが、鋤身の先端部片面を削って若干湾曲させており、土をすくいやすいようにしている。先端部を薄く削って刃をつくりだしたもの（③）と、若干厚手（④）のものの二種類製作した。材質は同じくコナラ材を使っている。

小型鋤（図39、⑤⑥）　縄文時代中期末から後期初頭の桜町遺跡（富山県）の出土品を復原した。鋤と基本的には同じ形態であるが、鋤身は先端にいくにつれて薄くなっている。同じくコナラ材を使っている。

掘り棒（図39、⑦⑧）　前期の鳥浜貝塚と中期の三内丸山遺跡からの出土品を復原した。竪穴内の柱穴の掘り下げや、クリの木の伐採時に樹皮をはぐときに使用している。遺跡からの出土品は用材が一定していないが、ユズリハのようなやわらかい材の例もある。今回はコナラで製作した。

以上が遺跡から出土した土を掘るときに使ったと考えられる木製品である。そのほか遺物としてはまだ未発見ではあるが、竪穴を掘るときどうしても必要なものとして、そのほかの出土品や民俗例などを参考として、つぎのものを製作した。

ひとつは掘った土を固める道具で、もうひとつは運ぶ道具である。土を固める道具は平たい槌、あるいは叩き板、土を運ぶ道具は、いまのところ土の運搬だけに使ったかどうかは不明であるが、縄文時代晩期の秋田県戸平《とびら》川《がわ》遺跡から出土した樹皮製の容器などが考えられる（図39、⑨）。また民俗例などにある「もっこ」なども、一度に大量の土を遠くに運ぶ場合には有効であり、それも製作した。その編み方は遺跡から出土している「もじり編み」を参考としている（図39、⑩）。

これ以外には、建築材をしばるための縄、その縄を切るスクレイパー、あるいは針などが必要である。縄は、東北地方北部で最近まで使用していたマダの木（シナの木）の樹皮からとり出した繊維を撚って製作し、スクレイパーは遺跡からの出土品を参考にして黒曜石で製作した。

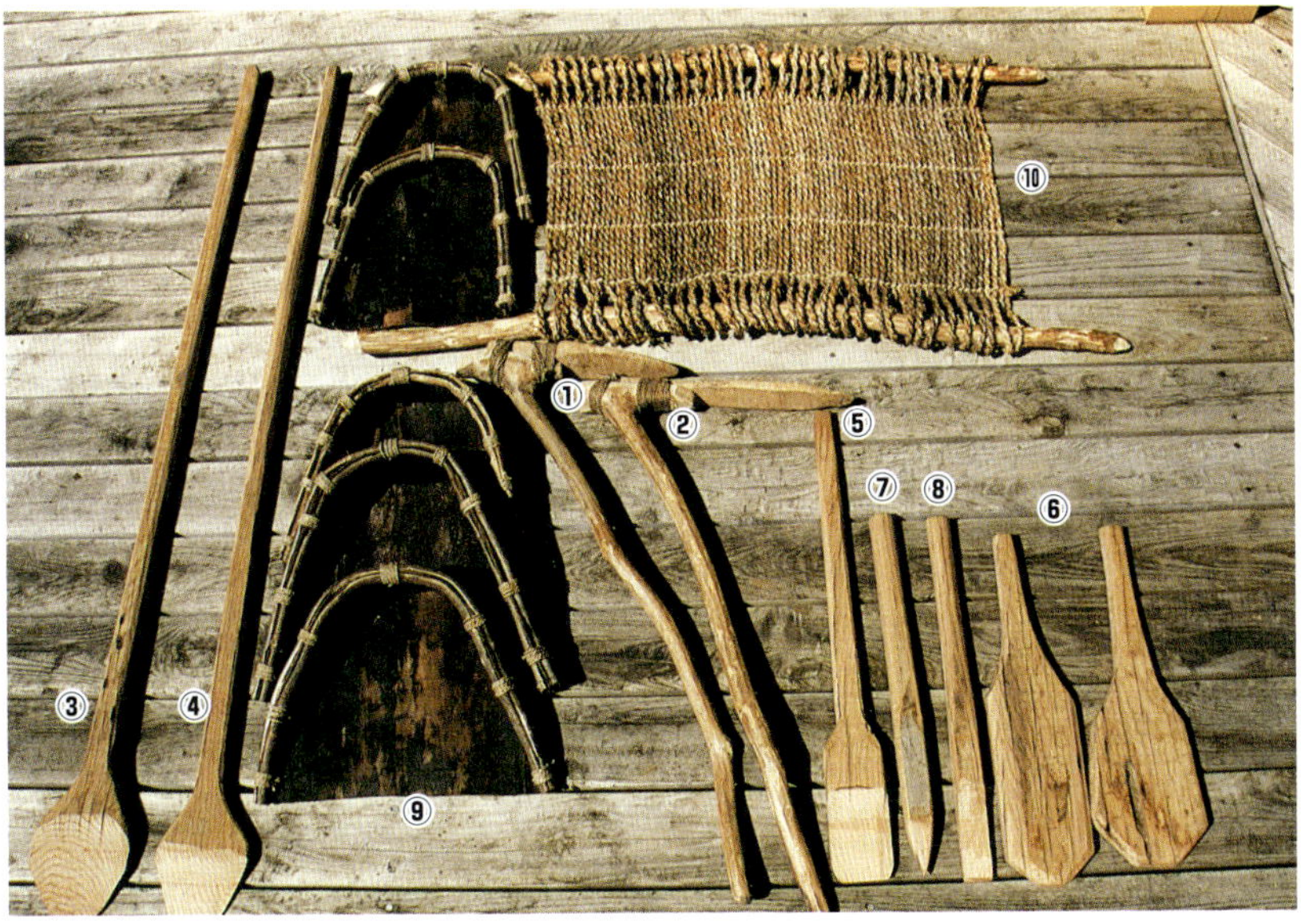

図39 ● 復原用の縄文の木製道具

縄文時代の道具を使った竪穴住居復原

縄文時代の道具を使った竪穴住居の復原作業は、一九九九年に一棟、翌年の二〇〇〇年に一棟の合計二棟完成させた。一九九九年の一棟は西ムラのDH28竪穴住居で、長軸三・一三メートル、短軸三・〇メートル、床面積は七・一平方メートルで、主柱穴が三本の小型の竪穴である。二〇〇〇年の一棟は中央ムラのFE48竪穴住居で、長軸四・八メートル、短軸三・九メートル、床面積が一四．四平方メートルとなり、規模はDH28竪穴住居のちょうど倍となっている。

まず竪穴の図面に合わせて地面に線引きをし、そのなかを掘った。掘り下げには鍬や鋤などを使っているが、土を上から掘る場合は鍬が使いやすい。ある程度掘り起こした後、鍬を横にして側縁を使って土をかき集めることもできる（図40）。

集めた土をすくって外に出したり、ある程度掘り進めてから壁をそろえるには鋤のほうがよい。上から下に削り落としてからその土をすくって外に出すことも

図40 ● 縄文の道具を使った竪穴住居の復原作業1
鍬を使っての掘り下げ作業。

できる。

床面まで掘り進めると、今度は土をかき集めるだけでなく、平坦にならす作業が必要になる。その場合鍬が適しているが、とくに小さい竪穴の場合は、柄からばらした鍬身も使える。柱穴を掘る場合は、掘り棒、小型鋤、あるいは鍬身も意外に使いやすい。炉にともなう掘り込みも、同じく小型鋤で掘ることができる。そのまわりに石を固定した。

発掘された竪穴住居は、下からの湿気防止のため床面をたたきしめている場合が多く、これを貼床《はりゆか》とよんでいる。普通は炉の周辺とか、主柱穴で囲まれた内側部分を叩きしめている場合が多いが、その際に使う道具が槌、あるいは叩き板である。断面が丸い棒状の槌や板状の平らなものであるが、この槌や叩き板は竪穴の周辺に盛土した周堤を固めるのにも有効である。また掘り上げてから周堤を固める場合は、低いところから高いところを打つため意外にも長い柄のついた鋤も有効であった。

図41 ● 縄文の道具を使った竪穴住居の復原作業2
先が二股の柱に桁・梁をのせた状態。この上に叉首を組み、棟木をのせて屋根の骨組みができる。壁にはクリの割板をたてて杭や縄で固定している。

竪穴の基礎部分ができると、つぎはいよいよ柱を立てて、梁や桁を渡して叉首を組み、その上には棟木をのせて母屋、垂木、さらにエツリを組むと屋根の骨組みができる（図41）。その上に樹皮、ソダ木、さらに土をのせて完成した。

木材の固定には縄を用いているが、この段階での細部の仕上げはたいへん苦労した。というのは、材木が伐採してからかなり日数がたっており、非常に固くなっていたからである。実際は切断や加工は石斧だけではたいへんで、あらかじめ加工しておくか、あるいは水漬けにしておいて復原のときに加工するか、そのいずれかでないとむずかしい。土を屋根にのせるのには箕、あるいはもっこ、さらにはすくい上げる鋤などを使ったが、予想以上に時間がかかっている。このようにして完成まで六人で八・五日を要した。

5　復原実験からわかったこと

復原に要する作業量

御所野遺跡では、一九九七年から二〇〇〇年の四年間、竪穴住居を三棟復原した。それぞれの復原ではいずれも記録をとっているので、それをもとに復原実験の成果についてまとめてみよう。

二〇〇〇年の復原では、作業量を各工程ごとに比較した。それによると竪穴を掘り込む作業が一七パーセント、上屋構築に関する作業量は七九パーセント、その他が四パーセントとなっており、上屋構築のうち屋根葺には四三パーセントを要している。

つぎに竪穴を掘るときの道具について、縄文時代の道具と現代の道具を使った場合の作業量を比較してみた。縄文時代の道具を使った復原は一九九九年のＤＨ28竪穴住居、現代の道具を使ったのが一九九七年のＤＥ24竪穴住居である。

ＤＨ28竪穴住居は直径三メートルの円形の竪穴で、深さが七五センチなので、掘った土量は五・三立方メートルである。その掘削には、六名の作業員で三九三分を要しているので、作業量は二三五八分となる。現代の道具を使ったＤＥ24竪穴住居は、面積が一四平方メートルで深さが五〇センチなので、掘りあげた土量は約七立方メートルとなる。それを五人の作業員で一八〇分かかっているので、作業量は九〇〇分となる。これから一平方メートルあたりの作業量を比較すると、現代の道具を用いた場合の作業効率は、縄文時代の道具を用いた場合の三・四五倍となっている。

もちろんそれぞれの作業員は同一ではないので、作業員の熟練度によってもちがいがあるだろうが、今回の復原ではＤＥ24竪穴住居の作業員のほうが手なれていたので、実際はこの数字よりもっと差がないものと考えたほうがいいのかもしれない。いずれにしても、縄文時代の道具も予想以上に効率がよかったと考えていいであろう。従来、縄文時代の土掘り具として一般的に考えられていたのは打製石斧であるが、少なくとも打製石斧だけでは、このように効率よく土は掘れないだろう。

大量に必要だった木材

使用した材料についてもデータが得られている。一九九九年に復原した小型のDH28竪穴住居と二〇〇〇年に復原した中型のFE48竪穴住居を比較してみよう。

前者は床面積が七・一平方メートル、後者は一四・四四平方メートルで、ほぼ倍の面積となっている。それぞれの竪穴の建築に要したクリの木は、DH28竪穴住居で直径二〇センチ以下の木が一六本、FE48竪穴住居で三一本使用している。ただしFE48竪穴住居では、この木だけでなく一部他の材も使っており若干これよりは多くなる。

それぞれの木は太さ、長さ、枝ぶりも一本ずつ異なっており、単純に比較はできないが、ひとつの目安と考えると、中型住居のFE48竪穴住居で四〇本近くの木を使用したことになる。木材の必要量は、単純に床面積に比例するのでなく、大型になればなるほど木の数は増えていき、たとえば面積七〇平方メートルの大型住居の場合、最低でも二〇〇本以上という膨大な木

図 42 ● 復原住居の内部
階段から竪穴の中に入ると直ぐに石で組んだ炉がある。入口近くに炉があるのは御所野遺跡の住居の特徴で、ほとんどが石で囲まれている。

が必要となる。

　木材だけでなく、それぞれの部材を固定するための縄なども大量に必要である。FE48竪穴住居では、一四〇〇メートルの縄を使用しているが、これを七〇平方メートルの大型住居に換算すると、七〇〇〇メートルという長さになる。現在のところ、建築用の縄として使えそうなのはシナの木しか想定できていないが、繊維をとり出すためのシナの木が大量に必要であり、建築材とあわせると、縄文時代の竪穴住居、なかでも大型住居を一棟建築するためには少なくとも五〇〇本近い木の伐採が必要になってくる。つまり周辺の環境を一変させるような大仕事であったことが想定できるのである。

6　集落の復原

御所野Ⅳ期の集落を復原する

　こうした竪穴住居のいくつかの実験成果を活用して、今度は、いよいよ縄文ムラの復原である。集落の復原案は一九九六年の整備指導委員会で提案し、それぞれの委員の指導を受けながらつぎのように作成した。

　復原の時期は御所野Ⅳ期とした。Ⅳ期になると中央部の墓を中心として、その周辺から東西に竪穴住居が分布するが、東ムラ、中央ムラ、西ムラとも大型住居を中心としてまとまりがあり、しかも核となる大型住居跡をすでに各調査区内で調査していたからである。またこの時期は、集落が御所野だけに限られており、集落の全体を表現できる。それが御所野Ⅴ期になるとムラが分散をはじめ、竪穴住居跡などの遺構が御所野だけでなく、田中遺跡、大平遺跡など周辺でも見つかっており、集落の全体が表現できない。またⅠ～Ⅲ期の場合は墓が不明であるし、Ⅰ・Ⅱ期では、集落が馬場平から御所野まで分布しており、御所野だけでは集落全体が表現できない。

以上の方針をもとにして、主にⅣ期の竪穴住居の資料を得るため調査を進めた。ところが同じ一九九六年に西ムラで焼失住居跡を検出し、しかも具体的な土屋根住居を確認したことから、西ムラだけはⅤ期のほぼ同時期と考えられる四棟を復原することにした。

竪穴住居はそれぞれ大型住居跡を中心として中型・小型三棟の四棟を、それぞれ東ムラ、中央ムラ、西ムラに復原している。そのほか東ムラでは、大型住居に隣接して四本柱の掘立柱建物が見つかっており、大型竪穴住居にともなう建物ということで復原し、さらに南側にある柱列についても竪穴住居に関係ある柱列ということで柱を立てている。

よみがえった御所野縄文ムラ

竪穴住居はいずれも奈良国立文化財研究所の浅川滋男遺構調査室長（当時）の指導のもとに復原図を作成し、土屋根住居を基本として復原した。ところが、なかには竪穴内に主柱穴をもたない竪穴住居も発掘されており、それぞれ各地区で一棟ずつ復原した。

柱穴がないため構造は不明であるが、竪穴の外側から叉首を渡して、それを中央で組み屋根の構造材とし、樹皮葺きとしている。ただこのような小型の竪穴住居でも焼失した場合、きちんと炭化材が残存することから、たんなる樹皮葺きではなく樹皮の上に泥を塗っている。

樹皮に泥を塗る発想は、隣県の秋田県北秋田市の胡桃館《くるみだて》遺跡で見つかった平安時代の埋没家屋で泥塗りの樹皮葺き屋根が確認されており、それを参考にしている。同じ屋根は掘立柱建物にもいかされており、樹皮葺きとして泥を塗っているが、屋根の勾配が急なのにもかかわらず意外にも泥はすぐには流れないし、現在でも部分的に残っている。樹皮の保存にとっても泥を塗ったほうが効果的なようである。

このようにして、中央ムラには、配石遺構を中心として、その南側には盛土遺構を、配石遺構の東西には掘立柱建物群を、さらに東側には大型住居を中心とした四棟の竪穴住居群を復原した。集落はこの中央ムラから東西に広がっており、東ムラでも大型住居を中心として四棟の竪穴住居と一棟の掘立柱建物跡、さらに四本の柱列を表現している。西ムラは御所野遺跡の土屋根住居が発見された場所であり、四棟の焼失住居の上に復原し、同じく竪穴住居の周辺に四本の柱を立てている。

なお、縄文時代のムラと直接関係はないが、西ムラでは、一九九八年におこなった焼失住居の実験の跡をそのまま残してある。現在でもくぼ地となっていて草が生えている。竪穴住居が焼失した後どのようにして埋没していくのかその過程を観察するとともに、それを見学の場所にもしている。

このようにして御所野縄文ムラは復原されたのである。

第5章　よみがえる北の縄文ムラ

1　縄文ムラの四季

緑あざやかな春

五月中旬になると、御所野縄文公園の緑はあざやかになる。芽吹きの遅い芝生も緑に染まり、春の花が一段落するとともに木々がいっせいに活動を開始する。この季節になると縄文人も自然の息吹を感じながら山菜などの採集に忙しく動きまわったのであろうか。

冬ごもりしていた中央部のストーンサークルも半年ぶりに姿をあらわし、その西側にはストーンサークルの中心部に向かって三棟の掘立柱建物が並んでいる。いまのところ東側は調査中でまだ復原されていないが、やがて西側とおなじく復原されるであろう。ストーンサークルと掘立柱建物の南側は一段高くなった盛土遺構だ。このような中央部の遺構が、御所野ムラの中心部で、その東西に竪穴住居が広がっている。

中央部の竪穴住居は、大型住居を中心として土屋根住居が三棟、樹皮葺き住居が一棟復原されている。住居群はさらに東と西にも復原されているが、同じく大型住居を中心として、土屋根住居が三棟、柱穴のない樹皮葺きの竪穴が一棟となっている。

このように復原した住居群は四〇〇〜五〇〇年続いた御所野ムラでも後半の時期のもので、その時期になると住居の組み合わせが減少し、個々のまとまりは小さくなるが、その数は少しずつ増えてくる。

竪穴住居は、いずれも基本的には発掘調査で得られた情報にもとづき一定のまとまりのある住居群として復原しており、住居間の間隔も縄文時代の状況に近いものになっている。

ただ縄文ムラでくり広げられる縄文人の動きはイメージできないということもあり、博物館で縄文集落の活動を「縄文ワールド」ということで映像表現しているが、これは好評である。

図43 ● 春の御所野縄文公園
春は一面がタンポポ畑になり、その後秋までいろんな花が咲き乱れる。

活気づく夏

夏は縄文ムラがもっとも活気づく季節である。縄文の森フェスタと名づけたイベントが七月後半に一週間以上にわたってくり広げられる。夏休み前の子どもたちが大挙して押しかけ、縄文体験や縄文ゲームに夢中になり、六万平方メートルのムラを飛びまわるし、夕方にはコンサートや縄文トークなどで盛り上がる。コンサートの前には地元の小学生が参加するオペレッタ公演もある。そのテーマ曲は、地元の人がつくった「御所野縄文むらに吹く風」である。同じく「御所野縄文讃歌」というオリジナル曲もイベントなどで歌われる。

博物館のもうひとつの楽しみは縄文体験である。土器づくりはもちろん、樹皮や蔓などを使って籠をつくったり、粘土や石を使って勾玉《まがたま》や小玉《こだま》などアクセサリーをつくる。つくったものは、その日に持ち帰りができる。一時間から二時間、ものづくりに集中し、たいていの人はそのあいだは時間を忘れて熱中する。

なかには御所野博物館でなければできない体験もある。

図 44 ● 夏の御所野縄文公園
濃い緑におおわれた夏にはコンサートや縄文体験などで盛り上がる。なかでも御所野を題材とした地元の子どもたちが演じるオペレッタは好評である。

縄文時代晩期の遺跡から凝灰岩質の石に文様を彫った岩版とよばれる遺物がよく出土する。唐草や渦巻きなどの文様が彫られているが、その岩版に使用されるものとほとんど同じ石が御所野周辺にあり容易に手に入る。この石を縄文体験の材料として使っている。縄文時代晩期の岩版はとくに馬淵川流域からの出土例が多く、一戸町の蒔前遺跡や山井遺跡からも出土している。おそらく御所野遺跡周辺の石を使っているものと思われるが、岩版にちなんで「縄文のお守り」と名づけている。

森の恵みの秋

九月になると、岩手県北地方は一気に涼しくなる。毎年秋におこなわれる「お月見縄文まつり」は東北北部の縄文遺跡と連携したイベントである。青森県の三内丸山遺跡、秋田県の大湯環状列石、それに御所野遺跡という、整備された遺跡で共通のイベントを開催し、地域おこしにつなげようという趣旨で二〇〇一年にスタートした。二〇〇三年からは北海道南部の函館市の大船C遺跡も

図45 ● 秋の御所野縄文公園
落葉広葉樹におおわれた御所野遺跡は、秋になると紅葉の美しい縄文ムラに生まれ変わる。

参加し、北海道東北三県の遺跡と各施設のボランティアグループが一体となって交流している。最近ではこのような動きを受けて北海道東北三県の知事サミットで、「北の縄文回廊推進事業」が採択され、世界遺産登録をめざして推進協議会が活動をおこなっている。

ナラ、ミズナラ、ウルシ、クリなど雑木に囲まれた御所野公園の周辺の山は、秋になると見事に紅葉する。落葉広葉樹は縄文人にとって恵みの森であったろうし、われわれにとっても貴重な財産である。彩色豊かな縄文ムラに生まれ変わる頃には、縄文の森にはキノコ、南北の崖にはヤマブドウ、マタタビ、アケビなどがたわわになり、林の中にはクリ、クルミ、コナラなどが実を結び豊富な食糧となる。秋はまさに収穫の季節である。

雪におおわれる冬

秋も深まり落葉が増え、実もほとんどなくなると、縄文ムラは長い冬ごもりの季節となる。ただ御所野縄文公園は冬になっても、雪の上でまつりなどがおこなわれる

図46 ● 冬の御所野縄文公園
冬期も開園していて、雪をかぶった土屋根住居を見学できる。

し、雪道を踏み固めながら竪穴住居も見学できる。土屋根住居の中では火もたかれており、雪景色の間から煙が立ちのぼるのが見える。

このように年間をとおして遺跡は活動しているので、ぶらっと寄ってみればいつでも遺跡があなたを迎えてくれるはずである。

2　縄文ムラを支える人たち

ボランティアグループ

御所野縄文公園ではいくつかのボランティアグループが活動している。ひとつは「自然と歴史の会」というグループで、御所野遺跡の整備計画が具体的になった一九九八年に結成された。主に史跡の見学や自然観察を主として活動するグループで、御所野博物館を中心として岩手県北地方や県外まで出かけているし、公園の清掃やイベントにはスタッフとして参加している。

御所野公園を拠点として活動しているのが「御所野遺跡を支える会」である。もともとは「自然と歴史の会」のなかから御所野遺跡のガイドを目的として二〇〇〇年に設立されている。養成講座は一九九九年からはじめており、研修をくり返し、試験的にオープン前の遺跡をガイドしている。二〇〇一年六月に正式に「御所野遺跡を支える会」として発足し、二〇〇二年四月のオープンとともに本格的なガイド活動をスタートさせた。開館からの三年間で一万八〇〇〇人以上を案内している。しかも案内した人たちの情報も丹念に記録しており、博物館の貴重なデータとなっている。

さらにもうひとつのボランティアグループが誕生した。一戸町でおこなわれた埋蔵文化財の発掘調査に参加した人たちにより結成された「御所野発掘友の会」である。公園の清掃活動やイベントの手伝いなどをしている。また発掘調査に参加しているが遠くに住んでおり、御所野に来れない人には「御所野大使」ということで、イベント情報や御所野公園の宣伝活動などをお願いしている。

地元の一戸南小学校では、「御所野愛護少年団」を結成し活動している。一九九九年に結成され、毎年六〜七回の活動で植栽や清掃活動をするとともに、遺跡の内容を学びながら活動記録集としてまとめている。一九九九年度の記録集は縄文人の生活についてまとめているが、そのなかの一節につぎのように書かれていた。

「縄文時代の人々は毎年食糧をあたえてくれる海や山、大地のめぐみに感謝して、たびたびまつりをおこなっていました。また、大地をてらす太陽や遠くにそびえる山など、自然のすがたをうやまいました。そして人や動物

図47 ● ガイドをする「御所野遺跡を支える会」のメンバー

がうまれて、かならず死んでいくふしぎに思いをはせ、すべて神様や精霊がおこなっていると信じていました。」的確に縄文人とその世界を表現しているのである。

おわりに

一九八九年に遺跡が発見されて以来、遺跡の保存から国指定、さらに用地の取得から整備計画の作成、そして整備事業の開始と、忙しくとびまわっているうちに気がついたら一五年が経過していた。当初、保存か開発かが問題になっていた頃、当時一戸町文化財調査専門委員長をしていた故稲葉浅吉氏の言葉が強烈に思い出される。

縄文時代の配石遺構と古代の末期古墳が重複しているが、縄文時代の配石遺構の石を残しながら古墳が構築されているのを見て、「古代の人たちが縄文時代の遺構を残しているのに、われわれの世代で遺跡を壊すわけにはいかない。これは絶対保存しなければならない」と語られた。このように文化財調査専門委員の先生方から保存への働きかけがはじまり、つぎに住民が、さらに行政が動き出して、つぎつぎと保存への階段を一段ずつのぼってきた。

保存後指導委員会を立ち上げ事業を実施してきたが、会議はいつも活発で、本音で議論をしていただいた。このような委員の方々の御指導は整備を進めるうえで大きな力となった。

御所野遺跡の特徴である住民参加もいろんなきっかけでスタートしている。今では植栽、ガイド、清掃、イベント、体験などの活動は大半がボランティアでおこなわれている。そのほかにも一五年間にはいろんな人にお世話になった。以上の方々に感謝してむすびとしたい。

主な参考文献

林謙作・岡村道雄編『縄文遺跡の復原』学生社、二〇〇〇
高田和徳「御所野遺跡の焼失家屋」『考古学ジャーナル』四一五号、ニューサイエンス社、一九九七
高田和徳「御所野遺跡の集落構成とその変遷」『日本考古学協会一九九七年度大会研究発表要旨』日本考古学協会、一九九七
浅川滋男・西山和宏「縄文時代中期の焼失竪穴住居とその復原（1）（2）」『日本建築学会大会学術講演梗概集』一九九七
浅川滋男・西山和宏「御所野遺跡で出土した縄文時代中期の焼失竪穴住居群」『奈良国立文化財研究所年報』一九九七
小林　克「縄文のムラ、墓と祈り」、岡村道雄編『ここまでわかった日本の先史時代』角川書店、一九九七
山田昌久「縄文集落の大きさとしくみ」『縄文都市を掘る―三内丸山遺跡から原日本が見える』NHK出版局、一九九七
高田和徳・山田昌久「御所野遺跡の考古学的な集落分析」『人類誌集報』一九九七、東京都立大学考古学研究室、一九九七
高田和徳「縄文土屋根住居の実験的復原」『人類誌集報』一九九八、東京都立大学考古学研究室、一九九八
高田和徳・西山和宏・浅川滋男「縄文時代の土屋根住居の復原（一）（二）」『月刊文化財』四一七・四一八号、第一法規出版、一九九八
高田和徳・西山和宏「縄文土屋根住居の復原―御所野遺跡の実験」、浅川滋男編『先史日本の住居とその周辺』同成社、一九九八
高田和徳「縄文時代の火災住居」『考古学ジャーナル―特集縄文時代の火災住居』四四七号、ニューサイエンス社、一九九九
高田和徳「縄文土屋根住居の焼失実験」『月刊文化財』四三四号、第一法規出版、一九九九
高田和徳「土葺き屋根の竪穴住居」『季刊考古学』第七三号、雄山閣、二〇〇〇
高田和徳「東北内陸部の拠点集落」『白い国の詩』五三三号、東北電力（株）地域交流部、二〇〇一
浅川滋男・西山和宏「先史時代の木造建築技術―木造建築研究フォーラム」『木の建築』五〇号、二〇〇〇
高田和徳「御所野遺跡の焼失住居にみる内部空間」、浅川滋男編『竪穴住居の空間と構造』国際日本文化研究センター千田研究室、二〇〇一
浅川滋男・西山和宏・高田和徳「縄文集落遺跡の復原―御所野遺跡を中心に」、浅川滋男編『竪穴住居の空間分節に関する復原研究』二〇〇一
高田和徳「御所野遺跡の保存と活用」『日本歴史』二〇〇三年七月号、吉川弘文館、二〇〇三
中村明央「博物館案内　御所野縄文博物館」『考古学ジャーナル』五〇八号、ニューサイエンス社、二〇〇三

御所野縄文公園・御所野縄文博物館

・住　所　〒028-5316　岩手県二戸郡一戸町岩舘字御所野 2
・電　話　0195-32-2652
・ＵＲＬ　http://goshono-iseki.com/guidance
・開　館　9：00 ～ 17：00
・休館日　毎週月曜日（月曜日が祝祭日の場合翌日）、祝日の翌日、年末年始
・入館料　きききのつり橋、縄文公園内の入場は無料。
　　　　　御所野縄文博物館の展示室は有料。
　　　　　　一般 300 円、高校生・大学生 200 円、小学生・中学生 150 円
　　　　　　（縄文体験は材料費が実費）
・行き方　ＩＧＲいわて銀河鉄道線一戸駅からタクシーで５分
　　　　　JR 東北新幹線二戸駅よりタクシーで 15 分
　　　　　東北自動車道八戸線一戸インターから国道 4 号を南下し 5 分
・本文に紹介しているように、御所野遺跡全体が縄文公園として整備され、土屋根の竪穴住居や配石遺構などが復原されている。きききの吊り橋を渡って公園に入ると、縄文集落の景観をうかがい知ることができる。縄文博物館では、竪穴住居の復原の過程や縄文時代の生活用具・くらしの様子などを解説している。また、四季を通じてさまざまなイベントが催され、屋内体験工房では縄文時代の土器づくりや縄文編み体験、アクセサリーづくりなどの体験学習を楽しむことができる。それらの開催予定や体験学習の時間・費用などについてはホームページを参考にするか、博物館に問い合わせてほしい。

御所野縄文博物館

刊行にあたって

「遺跡には感動がある」。これが本企画のキーワードです。

あらためていうまでもなく、専門の研究者にとっては遺跡の発掘こそ考古学の基礎をなす基本的な手段です。また、はじめて考古学を学ぶ若い学生や一般の人びとにとって「遺跡は教室」です。

日本考古学では、もうかなり長期間にわたって、発掘・発見ブームが続いています。そして、毎年厖大な数の発掘調査報告書が、主として開発のための事前発掘を担当する埋蔵文化財行政機関や地方自治体などによって刊行されています。そこには専門研究者でさえ完全には把握できないほどの情報や記録が満ちあふれています。しかし、その遺跡の発掘によってどんな学問的成果が得られたのか、その遺跡やそこから出た文化財が古い時代の歴史を知るためにいかなる意義をもつのかなどといった点を、莫大な記述・記録の中から読みとることははなはだ困難です。ましてや、考古学に関心をもつ一般の社会人にとっては、刊行部数が少なく、数があっても高価なその報告書を手にすることすら、ほとんど困難といってよい状況です。

いま日本考古学は過多ともいえる資料と情報量の中で、考古学とはどんな学問か、また遺跡の発掘から何を求め、何を明らかにすべきかといった「哲学」と「指針」が必要な時期にいたっていると認識します。

本企画は「遺跡には感動がある」をキーワードとして、発掘の原点から考古学の本質を問い続ける試みとして、日本考古学が存続する限り、永く継続すべき企画と決意しています。いまや、考古学にすべての人びとの感動を引きつけることが、日本考古学の存立基盤を固めるために、欠かせない努力目標の一つです。必ずや研究者のみならず、多くの市民の共感をいただけるものと信じて疑いません。

監　修　戸沢　充則

編集委員　勅使河原彰　小野　昭
小野　正敏　石川日出志
小澤　毅　佐々木憲一

著者紹介

高田和徳（たかだ・かずのり）

1949年岩手県生まれ。1973年明治大学文学部史学地理学科卒業。岩手県教育委員会文化課で東北縦貫自動車道関連、国道4号二戸バイパス関連などの発掘調査に従事。1976年から一戸町教育委員会に所属し、一戸バイパス関係遺跡や一戸城跡、上野遺跡、御所野遺跡、田中遺跡、大平遺跡などの調査にたずさわる。

現在、御所野縄文博物館長、一戸町世界遺産登録推進室長。

主な著作　「御所野遺跡の復原事例―岩手県御所野遺跡の整備から」『日本考古学』15号、「列島各地の焼失住居、焼失住居跡とその意味」『考古学ジャーナル』509号、「南部地方の縄文時代」『地方史研究』304号、『一戸バイパス関係埋蔵文化財調査報告書Ⅰ～Ⅳ』『御所野遺跡Ⅰ～Ⅱ』『田中遺跡』『一戸城跡』などの発掘調査報告書、『御所野遺跡環境整備事業報告書Ⅰ』一戸町教育委員会

写真所蔵先一覧
一戸町教育委員会ほか

シリーズ「遺跡を学ぶ」015

縄文のイエとムラの風景・御所野遺跡（ごしょのいせき）

2005年 5月10日　第1版第1刷発行
2015年 4月25日　第1版第2刷発行

著　者＝高田和徳

発行者＝株式会社 新 泉 社
東京都文京区本郷2－5－12
振替・00170-4-160936番　TEL03(3815)1662／FAX03(3815)1422
印刷／太平印刷社　製本／榎本製本

ISBN978-4-7877-0535-8　C1021

シリーズ「遺跡を学ぶ」 第1ステージ（100巻＋別冊4）完結

A5判／96頁／定価各1500円＋税

第Ⅰ期（全31冊完結・セット函入 46500円＋税）

01 北辺の海の民・モヨロ貝塚　米村　衛
02 天下布武の城・安土城　木戸雅寿
03 古墳時代の地域社会復元・三ツ寺Ⅰ遺跡　若狭　徹
04 原始集落を掘る・尖石遺跡　勅使河原彰
05 世界をリードした磁器窯・肥前窯　大橋康二
06 五千年におよぶムラ・平出遺跡　小林康男
07 豊饒の海の縄文文化・曽畑貝塚　木﨑康弘
08 未盗掘石室の発見・雪野山古墳　佐々木憲一
09 氷河期を生き抜いた狩人・矢出川遺跡　堤　隆
10 描かれた黄泉の世界・王塚古墳　柳沢一男
11 江戸のミクロコスモス・加賀藩江戸屋敷　追川吉生
12 北の黒曜石の道・白滝遺跡群　木村英明
13 古代祭祀とシルクロードの終着地・沖ノ島　弓場紀知
14 黒潮を渡った黒曜石・見高段間遺跡　池谷信之
15 縄文のイエとムラの風景・御所野遺跡　高田和徳
16 鉄剣銘一一五文字の謎に迫る・埼玉古墳群　高橋一夫
17 石にこめた縄文人の祈り・大湯環状列石　秋元信夫
18 土器製塩の島・喜兵衛島製塩遺跡と古墳　近藤義郎
19 縄文の社会構造をのぞく・姥山貝塚　堀越正行
20 大仏造立の都・紫香楽宮　小笠原好彦
21 律令国家の対蝦夷政策・相馬の製鉄遺跡群　飯村　均
22 筑紫政権からヤマト政権へ・豊前石塚山古墳　長嶺正秀
23 弥生実年代と都市論のゆくえ・池上曽根遺跡　秋山浩三
24 最古の王墓・吉武高木遺跡　常松幹雄
25 石槍革命・八風山遺跡群　須藤隆司
26 大和葛城の大古墳群・馬見古墳群　河上邦彦
27 南九州に栄えた縄文文化・上野原遺跡　新東晃一
28 泉北丘陵に広がる須恵器窯・陶邑遺跡群　中村　浩
29 東北古墳研究の原点・会津大塚山古墳　辻　秀人
30 赤城山麓の三万年前のムラ・下触牛伏遺跡　小菅将夫
別01 黒耀石の原産地を探る・鷹山遺跡群　黒耀石体験ミュージアム

第Ⅱ期（全20冊完結・セット函入 30000円＋税）

31 日本考古学の原点・大森貝塚　加藤　緑
32 斑鳩に眠る二人の貴公子・藤ノ木古墳　前園実知雄
33 聖なる水の祀りと古代王権・天白磐座遺跡　辰巳和弘
34 吉備の弥生大首長墓・楯築弥生墳丘墓　福本　明
35 最初の巨大古墳・箸墓古墳　清水眞一
36 中国山地の縄文文化・帝釈峡遺跡群　河瀨正利
37 縄文文化の起源をさぐる・小瀬ヶ沢・室谷洞窟　小熊博史
38 世界航路へ誘う港市・長崎・平戸　川口洋平
39 武田軍団を支えた甲州金・湯之奥金山　谷口一夫
40 中世瀬戸内の港町・草戸千軒町遺跡　鈴木康之
41 松島湾の縄文カレンダー・里浜貝塚　会田容弘
42 地域考古学の原点・月の輪古墳　近藤義郎・中村常定
43 天下統一の城・大坂城　中村博司
44 東山道の峠の祭祀・神坂峠遺跡　市澤英利
45 霞ヶ浦の縄文景観・陸平貝塚　中村哲也
46 律令体制を支えた地方官衙・弥勒寺遺跡群　田中弘志
47 戦争遺跡の発掘・陸軍前橋飛行場　菊池　実
48 最古の農村・板付遺跡　山崎純男
49 ヤマトの王墓・桜井茶臼山古墳・メスリ山古墳　千賀　久
50 「弥生時代」の発見・弥生町遺跡　石川日出志

第Ⅲ期（全26冊完結・セット函入 39000円＋税）

51 邪馬台国の候補地・纒向遺跡　石野博信
52 鎮護国家の大伽藍・武蔵国分寺　福田信夫
53 古代出雲の原像をさぐる・加茂岩倉遺跡　田中義昭
54 縄文人を描いた土器・和台遺跡　新井達哉
55 古墳時代のシンボル・仁徳陵古墳　一瀬和夫
56 大友宗麟の戦国都市・豊後府内　玉永光洋・坂本嘉弘
57 東京下町に眠る戦国の城・葛西城　谷口　榮
58 伊勢神宮に仕える皇女・斎宮跡　駒田利治
59 武蔵野に残る旧石器人の足跡・砂川遺跡　野口　淳
60 南国土佐から問う弥生時代像・田村遺跡　出原恵三
61 中世日本最大の貿易都市・博多遺跡群　大庭康時
62 縄文の漆の里・下宅部遺跡　千葉敏朗
63 東国大豪族の威勢・大室古墳群〔群馬〕　前原　豊
64 新しい旧石器研究の出発点・野川遺跡　小田静夫
65 旧石器人の遊動と植民・恩原遺跡群　稲田孝司
66 古代東北統治の拠点・多賀城　進藤秋輝
67 藤原仲麻呂がつくった壮麗な国庁・近江国府　平井美典
68 列島始原の人類に迫る熊本の石器・沈目遺跡　木﨑康弘
69 奈良時代からつづく信濃の村・吉田川西遺跡　原　明芳
70 縄紋文化のはじまり・上黒岩岩陰遺跡　小林謙一
71 国宝土偶「縄文ビーナス」の誕生・棚畑遺跡　鵜飼幸雄
72 鎌倉幕府草創の地・伊豆韮山の中世遺跡群　池谷初恵
73 東日本最大級の埴輪工房・生出塚埴輪窯　高田大輔
74 北の縄文人の祭儀場・キウス周堤墓群　大谷敏三
75 浅間山大噴火の爪痕・天明三年浅間災害遺跡　関　俊明
別02 ビジュアル版旧石器時代ガイドブック　堤　隆

第Ⅳ期（全27冊完結・セット函入 40500円＋税）

76 遠の朝廷・大宰府　杉原敏之
77 よみがえる大王墓・今城塚古墳　森田克行
78 信州の縄文早期の世界・栃原岩陰遺跡　藤森英二
79 葛城の王都・南郷遺跡群　坂　靖・青柳泰介
80 房総の縄文大貝塚・西広貝塚　忍澤成視
81 前期古墳解明への道標・紫金山古墳　阪口英毅
82 古代東国仏教の中心寺院・下野薬師寺　須田　勉
83 北の縄文鉱山・上岩川遺跡群　吉川耕太郎
84 斉明天皇の石湯行宮か・久米官衙遺跡群　橋本雄一
85 奇偉荘厳の白鳳寺院・山田寺　箱崎和久
86 京都盆地の縄文世界・北白川遺跡群　千葉　豊
87 北陸の縄文世界・御経塚遺跡　布尾和史
88 東西弥生文化の結節点・朝日遺跡　原田　幹
89 狩猟採集民のコスモロジー・神子柴遺跡　堤　隆
90 銀鉱山王国・石見銀山　遠藤浩巳
91 「倭国乱」と高地性集落論・観音寺山遺跡　若林邦彦
92 奈良大和高原の縄文文化・大川遺跡　松田真一
93 ヤマト政権の一大勢力・佐紀古墳群　今尾文昭
94 筑紫君磐井と「磐井の乱」・岩戸山古墳　柳沢一男
95 東アジアに開かれた古代王宮・難波宮　積山　洋
96 鉄道考古学事始・新橋停車場　斉藤　進
97 北の自然を生きた縄文人・北黄金貝塚　青野友哉
98 北方古代文化の邂逅・カリカリウス遺跡　椙田光明
99 弥生集落像の原点を見直す・登呂遺跡　岡村　渉
100 「旧石器時代」の発見・岩宿遺跡　小菅将夫
別03 ビジュアル版縄文時代ガイドブック　勅使河原彰
別04 ビジュアル版古墳時代ガイドブック　若狭　徹